오피니언 리더들의 삶과 고뇌
세상에서 가장 아름다운 말

오피니언 리더들의 삶과 고뇌
세상에서 가장 아름다운 말

나주임씨 중앙화수회 편

시정신문

세상에서 가장 아름다운 말

　사람은 가끔 자기 자신을 차분히 안으로 정리할 필요를 느낀다. 나는 어디까지 와 있으며, 어느 곳에 어떠한 자세로 서 있는가? 나는 유언 무언중에 나 자신 또는 남에게 약속한 바를 어느 정도까지 충실하게 실천해 왔는가?

　나는 지금 무엇을 생각하고 있으며, 앞으로 어떤 길을 걸을 것인가? 이러한 물음에 대답함으로써 자신을 안에서 정돈할 필요를 느끼는 것이다. 안으로 자기를 정리하는 방법 가운데에서 가장 좋은 것은 반성의 자세로 글을 쓰는 일일 것이다.

　마음의 바닥을 흐르는 갖가지 상념을 어떤 형식으로든 거짓 없이 종이 위에 옮겨 놓은 글은, 자기 자신을 비추어 주는 자화상이다. 이 자화상은 우리가 자기의 현재를 살피고 앞으로의 자세를 가다듬는 거울이기도 하다.

　글을 쓰는 것은 자기의 과거와 현재를 기록하고 장래를 위하여 인생의 이정표를 세우는 알뜰한 작업이다. 글을 쓴다는 것은, 자기 자신의 엉클어지고 흐트러진 감정을 가라앉힘으로써 다시 고요한 자신으로 돌아오는 묘방(妙方)이기도 하다.

글은 반드시 여러 사람의 칭찬을 받을 필요는 없다. 그러나 되도록 여러 사람이 읽고 알 수 있는 것이 바람직하다. 글을 쓴다는 것, 그것은 즐거운 작업이어야 하며, 진실의 표명이어야 한다. 그러기 위하여 우선 필요한 것은 나의 자아를 안으로 깊고 크게 성장시키는 일이다.

우리는 살면서 인연을 맺으며 살아간다. 그 소중한 인연들을 너무 쉽게 보내거나 버려둬서 멀어진 사람들이 얼마나 많은가? 지금 인연 통장에 저축되어 있는 사람은 몇 명인가. 따뜻한 마음을 속 깊은 배려로 아름다운 사랑을 많이 저축해 놓은 사람은 마음 부자이다. 인간은 상호관계 속에서 삶이 지속된다. 특히 글 쓰는 협업으로 손잡은 종친은 살아있는 생명이다.

그동안 우리 나주임씨 종친은 공동 저서로 <꽃은 혼자 피지 않는다, 2020>, <명사에게 길을 묻다, 2021>, <길에게 길을 묻다, 2022>, <멀리 바라본 숲은 아름답다, 2024>을 발행해 출판계의 화재를 만들었다. 자랑스러운 일을 당당히 해냈다. 이어 또다시 제5집으로 <세상에서 가장 아름다운 말>을 발간하게 되어 참으로 기쁘다.

누구나 나이가 들면 들수록 나 혼자가 아니라는 생각이 들기 마련이다. 바람 부는 대로 흔들려 어찌해야 할지 모를 때, 세상에 온통 나 혼자인 것 같아 외롭고 두려울 때. 혼자가 아님을 알게 되고, 그래서 다시 기운을 내 시작해 볼 수 있도록 붙잡아 주고 등짝을 토닥토닥 토닥거려 준 종친이 뒤에 있기에 행복할 뿐이다.

아마도 같은 성씨(姓氏) 종친으로만 필진이 구성된 경우는 국내에서는 처음 있는 일이라며 언론에서도 극찬한 바 있다. 어쨌든 우리 종친은 각자 열정적으로 살아온 '삶과 고뇌'의 이야기를 모아 발간한 것이다.

끝으로 바쁜 일상에서도 짬을 내 옥고를 보내 주신 종친에게 이 지면을 통해 진심으로 감사드리며. 아울러 흔쾌히 출판해 주신 주동담 시정신문(주) 사장을 비롯한 임직원께도 머리 숙여 감사를 표합니다.

2025년 1월 10일

나주임씨 중앙화수회 회장 임 춘 식

머리말 • 3

 우리가 진짜로 사는 것은

| 임춘임 | 아는만큼 보여준다 • 13
| 임록화 | 풍족한 삶을 누리는 비법 • 18
| 임금규 | 도전하면 꿈은 이루어진다 • 23
| 임종수 | 트로트 신동의 탄생 • 29
| 임동준 | 문제는 나잇값이다 • 34
| 임춘식 | 사랑 앞에 나이는 없다 • 39
| 임양재 | 묘비명은 무엇인가? • 44
| 임재근 | 황혼의 상념 • 49
| 임연희 | 인생에서 은퇴란 없다 • 53
| 임갑섭 | 건강을 위한 하루 생활 • 58
| 임호성 | 노숙인의 벗이 되고싶다 • 63
| 임종성 | 유별난 공인중개사무소 • 70

낮은 곳에 뿌리가 있다

임지룡	제비를 기다린다 • 77	
임동식	죽음을 생각하니 삶을 보이더라 • 83	
임승재	자연의 이치대로 산다 • 87	
임정기	바람직한 사랑의 열매 • 91	
임청택	나누지 못할 사람은 없다 • 96	
임채승	아름다운 삶의 모습 • 100	
임성택	후회하지 않을 유산 • 104	
임만규	실크로드를 가다 • 108	
임영호	추억과 이별 여행 • 115	
임왕택	입하지절(立夏之節)의 소회 • 120	
임지택	마음의 고향 • 124	
임수홍	다산 정약용을 만나다 • 129	

사람이 그리워야 사람이다

임무성   오산 죽미령에 서서 • 135
임창진   월출산을 닮은 아버지 • 141
임현우   거상(巨商)의 고집 • 149
임동규   비구니 스님과 어머니 • 153
임영희   호랑이 장가가는 날 • 162
임경렬   학교 가는 길 • 170
임정희   걸으면 세상이 보인다 • 179
임진택   소리의 길, 광대의 길 • 185
임종대   우리나라의 고사성어 • 201

침묵은 향기로 말한다

임은정　법률가가 된 카인의 후예 • 211
임동준　한국정치의 새 길을 생각한다 • 222
임재택　교육의 경쟁력이 살아야 미래가 열린다 • 228
임성수　교육은 끊임없이 이어져야 한다 • 233
임종은　인구 문제 해결에 답이 있다 • 238
임은정　원자력 강국 vs 핵무장, 같이 갈 수 없는 길 • 243
임석희　누리호 발사 그 이후 펼쳐지는 K-우주시대 • 247
임종니　캠프 데이비드 1주년 성과 • 254

제1부

우리가 진짜로 사는 것은

임춘임	아는만큼 보여준다
임록화	풍족한 삶을 누리는 비법
임금규	도전하면 꿈은 이루어진다
임종수	트로트 신동의 탄생
임동준	문제는 나잇값이다
임춘식	사랑 앞에 나이는 없다
임양재	묘비명은 무엇인가?
임재근	황혼의 상념
임연희	인생에서 은퇴란 없다
임갑섭	건강을 위한 하루 생활
임호성	노숙인의 벗이 되고싶다
임종성	유별난 공인중개사무소

아는만큼 보여준다

임춘임 | 전 한국문인협회 장성지부 회장, 수필가

2012년, 지독한 수능, 아들이 당사자다. 공부하란 말은 내 마음 깊은 곳에서만 자리할 뿐, 입 밖으로 세상에 토해낼 수 없는 언어다. 아니 내가 그 단어를 사용하지 않아도 충분히 힘들 만큼 아들은 스스로 자기만의 울타리 안에서 최선을 다하는 모습으로 나를 곁눈질만 하게 한다.

이런 아들 옆에서 입으로 하는 잔소리보다 몸으로 보여주는 응원이 더 큰 힘이 될 것 같아 스스로 목표를 정하고 문화관광해설사에 지원했다. 문화관광해설사는 자격증을 가지고 내가 나고 자란 나의 고향, 내가 사는 우리 고을을 마음껏 자랑할 수 있는 타이틀이다.

벌써 10여 년이 되었다. 아들은 대학을 졸업하고 남자의 의무, 군 생활을 마치고 어엿한 직장인이 되었고, 나는 자화자찬 멋진 해설사가 되어

내 고향 장성을 누구에게라도 신명 나고 즐겁게, 그리고 또다시 찾아오게 하는 선수가 되어 있다.

호남의 중심이요 전남의 관문인 장성, 문 불려 장성, 선비의 고장 장성, 의병의 고장 장성, 청렴의 고장 장성, 옐로우시티 장성 그리고 이제는 성장하는 의미를 담은 성장 장성이라 이름한다. 이렇듯 장성은 불리는 애칭이 많다. 세월의 흐름 속에 역사는 이어진다고 말은 하지만, 하지만 누군가의 의지대로, 이끄는 대로 세상은 흘러가고 기록은 남는다.

굽이치는 황룡강이 이름만 황룡이 아니라 누런 용이 꿈틀대는 형상을 하고, 주변에 100억 송이 꽃을 피워 황홀하고 찬란한 용이 승천함을 알리고, 100만 명의 관광객이 모여들어 10리 길 꽃 강에 저마다의 사연을 담는다. 이를 아는지 강물은 윤슬로 답한다.

임종국 선생이 이루어 낸 전국에서 편백 나무가 가장 많은 축령산 치유의 숲은 등산, 산책, 산책, 힐링, 건강, 치유, 삶의 원동력을 추구하는 많은 사람이 찾아들어 깊은 호흡으로 나무가 뿜어주는 피톤치드에 몸을 내어 맡긴다.

선생은 1956년부터 편백나무·삼나무를 253만 그루 심었고, 황폐해진 산야를 푸르름으로 가득 채울 수 있었으며, 덕분에 농부들은 홍수 피해를 줄일 수 있었다. 지금도 축령산 아래 주민들은 고구마 농사를 하면서 수 억대 매출을 올린다. 축령산 편백숲이 있어 농사를 지을 수 있었으며, 축령산 편백숲이 있어 등산객들에 의해 농가 길거리에 수수료 없이 소득을 올릴 수 있다.

이런 축령산이 장성군의 소유가 아닌 산림청의 소유가 많으며, 입장료·주차비가 없어 찾는 사람들에게 부담이 없는 곳이나, 장성이 고향인 나는 마음이 참 아프다. 우리에게 이렇듯 소중한 공간을 남기고 가신 선생의 기념관조차 없다는 것이 우리가 아직 해야 할 일이 많이 남아 있다는 것을 의미한다.

나는 장성에서 문화관광해설사를 하면서 상당한 긍지를 갖는다. 그것은 내가 해설을 잘해서가 아니라, 내가 받은 핏줄의 양분 때문이다. 남들에게 한참을 떠들어 댄다. "편백나무 숲을 이룬 분은 우리 증조할아버지고요, 한국 영화계 거장 임권택 감독님은 우리 할아버지예요."라고. 사람들은 손뼉 치면서 덩달아 웃어준다. 행복하다.

장성 문화예술공원에 가면 시·서·화·어록으로 군락을 이룬 비석이 102개가 있다. 우연일까? 임권택 감독의 시네마테크가 그곳에 있다. 도대체 영화는 몇 개나 만들었을까? 묻는다. 신기하게도 102개의 작품이다.

지어낸 이야기가 아닌 실화다. 처음부터 어느 한 가지에 기준을 두고 맞추어 만들었던 것은 아니었다. 왜냐면 감독님의 102번째 영화 '화장'은 문화예술공원이 만들어진 후에 제작되었기 때문이다.

이 글을 쓰는데 갑자기 왜 할아버지가 그리워질까? 어려서부터 많은 말씀이 들려주셨던 기억이 오늘 내가 장성을 자랑하고 설명하고 또 찾아올 수 있게 만드는 주변머리가 된 것 같다. 아니 그렇다. 할아버지께서 들려주셨던 이야기들이 장성을 설명할 수 있고, 많은 사람에게 공감할 수 있도록 전달할 수 있는 꺼리가 되었다.

문화관광해설사가 된 나는 아주 자주 나주 임씨 임을 자랑한다. 장성을 멋지게 해설할 수 있게 만들어 주신 우리 할아버지, 임종국 산림가, 임권택 감독님, 그리고 이런 것들을 전달할 수 있게 언변을 주신 우리 아버지, 어머니. 참으로 감사하고 자랑스럽고, 사랑하지 않을 수 없다.

하나의 사물에 의미를 부여하고, 하나의 사건에 삶을 담아보고, 한순간의 진리에 우리는 생을 맡기기도 한다. 아들이 공부하는 것이 힘들어 보여 같이 공부하자는 의미를 담고 책을 폈고, 나의 아버지가 잠들어 계시고 어머니가 숨을 쉬고 계시는 이 땅을 많은 사람에게 자랑하고 싶어 문화관광해설사를 선택했던 10여 년 전, 그날의 선택이 참으로 나의 인생에 새로 새긴 인생길이 될 그것이라고까지는 계산하지 못했었다.

황룡강을 노래하고, 축령산을 시에 담고, 백양사의 애기 단풍에 손짓하고, 금곡영화마을에 카메라 셔터를 눌러보고, 장성호 수변 길 출렁다리에서 전율하고, 남창계곡의 맑은 물에 나를 비춰보고, 입암산성에 올라 먼저 가신 의병장들을 되뇌어 본다.

홍길동테마파크에 서서 홍길동은 진짜인지를 외치고, 세계유산 필암서원의 확연루 앞에서 하서 선생의 절의를 배운다. 봉암서원의 화차를 보며 행주산성을 그리고, 고산서원에 서서 무등산에 잠드신 노사 선생의 효심을 배운다.

송흠 선생의 호 지지당(知止堂), '지지(知止)를 배우다'라는 제목으로 중종임금이 선생의 아름다운 삶을 축하하라 내려준 기영정에서 우리는 480년 전의 역사를 더듬고 있다.

이렇듯 내가 문화관광해설사가 되었기에 오늘 장성을 노래할 수 있고, 나보다 앞선 선인들의 정신을 내 마음에 담을 수 있는 그릇이 된 것이다. 다시금 아들이 그립다. 네가 그때 고3이 아니었다면 지금 나는 장성을 얼마나 알고 있을까.

　나는 문화관광해설사. 만나는 사람들은 나에게 말한다. "당신은 진정 장성을 사랑하는 장성사람이요", 나도 이렇게 응답한다. "장성은 지금 성장하고 있고, 다시 장성에 오시면 더 큰 장성을 보여 드리겠습니다. 저는 정말로 장성을 아주 많이 사랑합니다"

풍족한 삶을 누리는 비법

임록화 | 서울시 정원도시국 공원여가사업과 팀장

　　　　　　내가 하고 싶은 수많은 이야기 중, 길을 묻는 사람에게 우선으로 서울둘레길을 걸어보라고 말하고 싶다. 둘레길을 걷는 것은 몸과 마음을 건강하게 하여 삶의 질을 향상한다. 최근 서울둘레길을 완주하고 나니 둘레길 걷기의 좋은 점이 걸을 때마다 새록새록 느껴진다.

　둘레길을 걷다 보면 걱정으로 가득한 머리가 비워지고, 자연스럽게 생각이 정리된다. 마음이 자연치유가 된다. 그뿐만 아니다. 걷다 보면 혈액순환이 잘되어 몸에 활기가 돌고, 다리에 힘이 생긴다. 복잡한 서울 도시 일상에서 현재의 시간을 즐겁게 누리면서 건강하게 사는 비법 중의 하나로 둘레길을 걷는 것을 추천한다.

　서울둘레길은 서울 외곽 산과 하천을 둘러싼 총 156.5km이다. 긴 거리

를 걸어보라고 해서 도전하고 싶은 생각이 들지 않을 수 있다. 완주할 수 있을까에 대해 의문이 생길 수도 있다. 직접 걸어보니 하루에 2~3시간 걸을 힘만 있으면 가능하다.

서울둘레길은 21코스인데 한 코스당 2~3시간 소요되기 때문이다. 등산처럼 높은 산 정상을 오르는 것이 아니라 겁낼 필요도 없다. 가벼운 옷차림으로 물 한 병 들고 걷기 시작하면 어느새 구간마다 시작과 끝 지점에 있는 빨간 우체통을 만나게 된다.

반가운 소식의 편지가 들어 있을 것 같은 우체통 안에는 각 구간을 대표하는 이미지가 그려진 스탬프가 들어 있다. 1구간 걷기를 마치며 스탬프를 찍을 때 오늘도 내가 해냈다는 성취감에 기분이 뿌듯하다. 이렇게 21번만 하면 서울둘레길을 완주할 수 있다.

서울둘레길 대부분은 산 둘레를 따라 숲속을 걷는 길이다. 숲속을 걷다 보면, 도시 풍경을 시원하게 만끽할 수 있는 전망이 펼쳐진다. 조금 더 걷다 보면 마을을 지나는 길이 나오고, 지루하다 싶어질 때 넓게 펼쳐진 하천을 따라 걷는 길도 나온다.

계절을 따라 둘레길을 걷는 느낌도 다르다. 생강나무, 산수유, 영춘화가 이른 봄을 알리면, 진달래, 벚꽃, 개나리꽃, 철쭉꽃이 만발한다. 인생의 꽃길을 걷고 싶은 분들, 모두 여기 둘레길로 오면 된다. 조급한 마음 대신 느리게 걸으면서 꽃향기 숲 향기를 맡다 보면 마음이 차분해진다.

늦은 봄에는 수수꽃다리, 찔레, 아카시아 진한 꽃향기를 느끼며 동구 밖 과수원 길 동요를 읊조리다 보면 어린 시절 동심으로 돌아간다. 초여름에는 산딸나무, 쉬땅나무, 때죽나무, 조팝나무 흰색 꽃이 흐드러지게 피고, 배롱나무, 산수국, 비비추, 꽃범의 꼬리가 만발한 더운 여름에는 뜨거운 햇볕을 가려주는 시원한 숲길이 더욱 고맙다. 여름철 숲속에서는 주변보다 온도가 2~4도 낮아 시원함을 느낄 수 있다.

또한 숲은 이산화탄소를 흡수하고 산소를 배출하기 때문에 지구 온도 상승으로 인한 기후변화 대응을 위한 해결책이다. 벌개미취, 코스모스, 구절초 가득한 가을 길을 지나면 형형색색 단풍과 각종 열매로 가득하다. 도토리를 주워가는 청설모도 볼 수 있다. 바스락바스락 떨어진 낙엽을 밟으며 걷는 길도 즐겁다. 대부분 나뭇잎이 떨어진 겨울에도 소나무, 잣나무, 주목, 향나무류는 초록색 숲을 보여 준다.

최근 수명이 길어짐에 따라 건강하게 사는 것이 무엇보다 중요하다는 것을 많은 사람이 알고 있다. 주변에서 공원 산책길, 하천변, 황톳길을 따라 부지런히 걷고 있는 사람들을 쉽게 볼 수 있다.

서울둘레길을 완주하는 사람들도 연간 평균 1만 명이며, 지금까지 완주자가 8만 명이 넘는다. 왜 이렇게 걷기에 많은 사람이 열광일까? 걷기는 심장을 튼튼하게 하고, 혈압을 조절하며, 혈액순환을 촉진 시켜 건강을 개선한다. 열량을 소모하여 체중을 감량시키고, 기초대사량을 높여 적정한 체중을 유지하도록 한다,

다리근육을 강화하고, 유연성을 향상하여 관절 건강에도 도움을 준다. 둘레길을 완주한 사람으로부터 서울둘레길을 걷고 난 후 온몸이 건강해졌다는 경험담도 들었다. 허리로부터 온몸까지 심하게 아파 병원에 다녔는데, 낫지 않아 둘레길을 걷기 시작했다고 한다.

걸으면서 몸이 점점 좋아짐을 느껴 완주까지 하게 되었다면서 환하

게 미소 짓던 얼굴이 생생하다. 단순히 걷기만으로도 장점이 많은데 숲길에서 걷는 것은 추가로 얻을 수 있는 혜택이 더 있다.

서울둘레길을 따라 숲을 보는 것만으로도 정서가 안정된다. 숲과 정원감상은 도시경관을 감상하는 것보다 불안 수준이 20%, 부정적 기분이 11% 감소한다. 자연 속에서 걷는 것은 스트레스를 해소하고 심리적 안정감을 높여준다.

햇볕을 쬐며 둘레길을 걷는 것은 우울증 예방에 효과가 있다. 걷는 동안 혈액순환이 되고, 뇌에 산소 공급이 원활해져 집중력도 향상된다. 따라서 스트레스로 힘든 사람들, 우울증이 걱정되는 사람들에게는 서울둘레길 걷기를 더욱 권한다. 새로운 아이디어가 필요한 사람들에게도 둘레길 걷기를 적극 추천한다.

서울둘레길에서 누구나 다양한 프로그램에 참여할 수 있다. 숲 전문가와 함께 둘레길을 걸으며 즐거운 활동을 하는 펀(fun)트레킹, 별빛 달빛을 보는 야간트레킹, 둘레길 전 구간을 11회에 걸쳐 100이 함께 걷는 100인 원정대, 자원봉사를 하면서 생태를 배울 수 있는 아카데미 등 다채로운 활동을 함께 할 수 있다.

서울둘레길을 혼자 걷는 것을 염려하거나 꺼리는 사람들에게는 함께하는 활동에 참여하기를 권장한다. 같은 취미활동을 하는 사람들과 함께하는 것도 즐거운데 참가비가 무료이다. 둘레길을 함께 걸으며 건강을 증진하고 재미있는 활동까지 한다면 금상첨화가 아닌가.

서울둘레길을 걷는 것은 건강한 삶을 위한 최고의 선택이다. 별도의 비용 없이 누구나 숲을 만끽하며 운동하면서 일상에 활력을 얻고, 자연

속에서 심리적인 편안함을 느낄 수 있다. 친구나 가족과 함께 걷는다면 대인관계도 좋아진다. 지금 바로 가까운 서울둘레길 코스를 찾아 걷기 시작해보자. 풍족한 삶을 누리는 비법이다.

도전하면 꿈은 이루어진다

임금규 | 전 서울 강북구 행정사무관

　　서울특별시 행정직공무원으로 36년 재직 후 2014년에 정년퇴직하여 누구나 한 번쯤 꿈꾸는 전원생활과 여행을 실행하게 되었다.

　　공무원연금공단에서 시행하는 퇴직자 마을(전국 20~30곳 지정)을 신청하면 추첨을 통해 대상지가 선정된다. 이런 절차를 거쳐 영월, 순천, 양양에서 각각 2개월씩 한시적인 유랑생활은 시작되었다.

　　기간이 긴 것도 있으나 통상 2개월 정도의 펜션, 마을단체 숙소로 3~4가족이 생활하며, 주 1회 마을 돕기 봉사활동도 하고, 자유롭게 부부가 산행과 인접지 관광여행을 떠나며 가끔은 친지, 친구들이 찾아와 머물다가는 예도 있다.

　　이렇게 생활하다 보니 꽤 비용이 들어가는 것이 부담되어 자연스레 다른 좋은 방법을 찾게 되었다. 마침 산행을 좋아하던 터라 흔히 말하는 돈도 벌고, 구경도 하고, 건강도 챙기자는 취지에서 국립공원 취업에 도전하기로 작정하였다.

처음에는 경력도 없고 워낙 소수 인원만 채용하는 곳이라 쉽지 않았으나 환경관리청소, 산불감시 하는 것부터 시작하여 점차 선호하는 범위를 넓혀가게 되었다.

2019년부터는 14군데의 국립공원 기간제에 2~3개월 기간으로 취업하여 근무하고 있다. '집 떠나면 개고생한다'라는 속설이 있는 것처럼 그 점을 각오하고 도전해야 한다. 내가 좋아서 선택한 일이니 몇 년은 더 해볼 생각이다.

누구나 취업을 원한다면 홈페이지 채용공고에 환경관리(청소), 수익시설관리, 시설보수, 자원 보존, 산불감시 및 지킴이 등 공원별, 직종별로 기간제 모집이 23개 사무소별로 수시로 공고되고 있으니 참고하면 좋을 것이다.

채용 공고문을 보면 나이, 전공, 학력 제한이 없고 국가유공자, 장애인에 대해 우대 사항이 있으나 가장 보편적으로 환경관리(자격증무), 산불감시 경력을 한 후 자격증 가점이 있는 수익시설관리, 자원 보존, 탐방 안내 등 근무 여건이 좋은 분야로 점차 넓혀 나갈 수 있다.

자격증으로는 컴퓨터활용능력 및 워드프로세서 적절히 활용하고, 필요 때문에 근무 중에 한국사능력검정시험 인증서 1급, 종자기능사 자격증을 취득하여 세분하여 응시하고 있다.

채용은 직무 적합성 서류심사로 경력 30%, 자격증 30%, 지원서 및 경험 기술서 40%를 반영하여 채용한다. 또한 4개월 이상은 면접 절차도 있다. 서류제출 시 가점이 될만한 사항으로 환경정화 자원봉사활동 등을 공단 인터넷으로 신청한 후 자유롭게 산행하면서 등산로 쓰레기 줍기, 본인 쓰레기 되가져오기 운동을 통해 산행 전후의 실적을 사무실에 신고하거나 확인받으면 된다.

최근 3년 동안 167회에 걸쳐 1,200여 시간 실적(행정안전부 주관 1,365 자원봉사 연계)과 그린포인트(주어온 쓰레기 용량별 포인트) 260,000포인트를 적립하고 있다. 포인트 사용은 국립공원공단에서 제작한 기념 물품 등을 구매할 수 있다.

최근 국립공원 명예 배지 지급계획에 의해 누적 실적 시간별로 500시간은 (동), 1,000시간은 (은), 2,000시간은 (금)을 지급하기로 되어 있어, 현재 누적 포인트 1,600시간을 달성하고 있어 (은) 배지 대상에 도달되어 있다.

환경관리청소는 실내외 화장실 청소, 시설물 등을 정비하는 일이며, 수익시설로서는 야영장, 캠프장, 카라반, 주차장 관리, 탐방객 안내하게 된다. 어쩌다 직장동료들과 갈등도 있을 수 있으나 이는 생소한 지역에서 근무하면서 발생하는 자연스러운 현상이라고 생각한다.

북한산 근무할 때는 점심 도시락을 준비하여 우이동, 도선사, 백운대 정상까지 순찰하면서 환경정화 활동도 하고, 그곳 너럭바위에서 점심을 해결하면서 늦은 시간까지 머무르기도 하였다. 다음 지리산 노고단대피소 1박은 부부가 같이 반야봉을 거쳐 피아골로 하산하는 코스로 16시간을 산행한 적도 있으며, 지리산자락인 하동에 경이로운 삼성궁도 답사하였다.

이어서 설악산 근무는 기암괴석으로 둘러싸인 협곡을 흐르는 물줄기와 바위틈 곳곳에서 자라는 나무들이 한데 어우러져 멋진 풍광을 연출해 내는 장면과 신흥사의 비선대, 금강굴을 거쳐 마등령 왕복, 천불동계곡, 흘림골, 주전골, 영시암, 장수대, 토왕성폭포, 울산바위 등을 두루 섭렵하였다.

태백산 근무할 때는 백두대간의 중앙부에 솟아있는 민족의 영산에서만 맛볼 수 있는 기운을 느꼈으며, 태백산과 이어진 함백산의 상고대와 어우러진 주목군락 등을 바라볼 때는 자연의 경이로움에 감탄하였다.

충남의 계룡산은 능선이 마치 닭벼슬을 쓴 용의 모습을 닮아 이름을 지었다고 하며, 풍수지리상 명산으로 꼽혀서 그런지 도사, 점쟁이들이 많았는데 특히 산자락에 굿당이 많이 있고 관음봉, 삼불봉, 수통골이 좋았으며, 전라북도 덕유산은 백두대간 능선으로서 남덕유, 삿갓재, 향적봉, 조선조 4대 사고(史庫)의 하나가 있었던 적상산을 품고 있으며, 산행시간이 길고 겨울 눈꽃산행에 별천지이며, 무주구천동계곡의 어사길을 따라 걷기 여행하는 것도 좋았다.

새만금과 가까운 부안 변산반도는 격포, 직소폭포, 채석강, 천년고찰 내소사를 품고 있으며 인근 고창 선운산뿐만 아니라 고군산군도, 장자도, 선유도까지 유람할 수 있었다. 변산반도는 산과 바다를 두루 조망하며 즐길 수가 있었으며, 저 남쪽 바다 서해 다도해는 비금, 도초, 흑산도 칠락산, 홍도 깃대봉을 위시하여 퍼플섬의 반월도 · 박지도의 꽃구경 등 해양관광지로서의 매력이 무궁무진하다.

충남 태안은 해변 길 8코스가 바다와 솔숲을 들고나며 걷는 길이라 지루하지 않고, 낙조를 바라볼 때는 붉은 바다가 장관을 이루어 지금까지도 특별한 추억으로 기억되고 있으며, 백사장항, 신진항 등에는 해산물이 많았다. 강원도 오대산은 월정사 전나무숲길, 상원사 선재길, 두로봉, 노인봉, 진고개, 소금강계곡, 구룡폭포 등으로 태백준령의 산세에 걸맞게 수많은 폭포가 있다.

현재 근무하고 있는 청송 주왕산은 대전사 계곡을 따라 병풍 같은 기암괴석이 절경을 이루고, 용처 협곡에 들어서면 와!! 하는 탄성이 나올 정도로 풍광이 기묘하며, 물안개가 내려앉은 주산지는 연속극 촬영지로 최적이기도 한다. 청송 사과의 고장답게 이런 말이 있다고 한다. "니 노란 사과 무봤나? 안 무봤으면 퍼뜩온나!"

국립공원에는 공원별로 2종의 깃대종을 선정하여 보호하고 있는데, 이는 특정 지역의 생태, 지리, 문화적 특성을 반영한 상징적인 야생 동·식물들이라 할 수 있다.

가령 북한산에는 오색딱다구리, 산개나리가 깃대종이며 23개 국립공원은 46종의 깃대종이 보호되고 있는데, 이는 자연생태계와 자연·문화경관을 잘 보전하여 미래세대에 까지, 유산으로 물려주기 위해 환경부 장관이 지정하여 국가가 관리하는 보호지역이다.

우리나라는 국토의 약 70%가 산지로 구성되어 있고 삼면이 바다로 열려 있으며 봄·여름·가을·겨울로 계절이 순환되면서 다양하고 오묘한 변화를 끊임없이 연출하게 된다. 그동안 정부와 전 국민이 하나 되어 산림녹화에 힘쓰고 정성으로 가꾸어온 결과 우리 자신도 놀라고 세계가 부러워할 그야말로 금수강산을 만들어 놓았다.

평소 꿈꾸던 전원생활과 여행은 혼자 했으면 외로웠을 것을 부부가 함께하면서 보이지 않는 갈등도 많이 좋아지고 국립공원 취업이라는 도전을 통해 비로소 이루고 누리며 쭉 이어오고 있다. 평소 산행을 좋아하던 터에 돈도 벌고, 구경도 하고, 건강도 챙기자는 취지에서 도전했던 국립공원 취업은 어느덧 국토 사랑으로, 자랑스러운 국립공원 지킴이로 이어지며 거듭나고 있다.

트로트 신동의 탄생

임종수 | 국민작곡가, 가수

나는 노래에 대한 선천성과 열망은 타고났던 것으로 생각되나, 가수를 향한 길은 순탄치 못하였다. 가난한 집에서 태어났기 때문이었을까?

그러나 가난을 탓하지 않았다. 가난만을 원망하고 있으면 한 걸음도 앞으로 나아갈 수 없다는 것을 일찍 깨달았기 때문이다. 목표와 희망은 있으나 이론만 있고 그에 도달하기 위한 실천적 행적이 없으면 공허할 뿐이라는 사실 또한 일찍 터득했기 때문이다.

나는 어려운 환경을 딛고 '치타가 선택한 먹이'처럼 가수의 길을 향해 정진 하다가 스스로 가수로서 음색과 창법 등 노래의 장르(genre)라는 면에서 차별이 있음을 알아차렸다.

내 주제를 파악한 후 가수로 데뷔시켜 주신 나화랑 선생님을 찾아가,

종아리 맞을 각오를 하고, "가수를 그만 두려고 한다."라고 말씀드리자, 선생님께서는 "내가 볼 때 노래를 잘 하느냐, 못하느냐로 만 보면, 넌 노래를 잘한다.", "그런데 어떻게 그런 생각을 했냐? 임종수 너는 참 현명하다."라고 말씀하시고서는 "앞으로 작곡을 해라. 넌 작곡가로서도 성공할 수가 있어"라고 말씀하셨다.

나는 그 말씀을 믿었고 순종했다. 그때 선생님의 그 말씀은 큰 울림이 되어 나의 인생을 바꾸어 놓았다. 그 후 내 인생은 가수 임종수가 아닌 작곡가 임종수가 되었으니 말이다. 나는 지금 행복하고, 감사하다. 나를 도와주셨던 많은 분들께 너무너무 감사하고, 또한 내 주제를 파악하게 한 자신에게 감사하다.

현재. 가난하고 힘들어도 분수에 맞는 목표를 설정하고 꾸준히 정진한다면 반드시 훌륭한 결과가 만들어진다는 진리를 이제 감히 말할 수 있다고 생각해 본다. 또 '가는 세월에 오는 백발 이야 피할 길 없어도, 내 의지가 있는 한 항상 신선한 사고방식은 백발을 몰라라 하고 오늘과 미래에 살 수 있게 해 준다는 것, 그것은 나의 확신이다.

이제 내 나이 팔순이다. 지난날을 더듬어 쓴 <너희가 트로트를 아느냐?>, 작곡인생 40년 트로트 야사(野史)를 2011년 '동방의 빛 출판사'에서 발간하여 장안의 화재가 되기도 했다. 잊을 수 없는 그리운 지난 인연들을 회고한 고백서였다.

저서의 첫 페이지의 "트로트 신동의 탄생" 원문 그대로 옮겨 본다.

1949년 순창 서초등학교 1학년 소풍날. 수건돌리기가 끝난 뒤 노래자랑 시간. <나비야>, <송아지>, <산토끼>와 <학교종이>를 부르던 친구들 사이에서 느닷없이 나타나 <무영탑 사랑>을 간드러지게 불러 선생님들의 심금을 울린 소년이 있었다.

그 이름 임종수. 훗날 추석 애창곡 1위인 나훈아의 <고향역>, 1970년대 대히트곡 하수영의 <아내에게 바치는 노래>, 무명의 태진아를 일약 스타덤에 올려놓은 <옥경이>를 작곡한 바로 그 사람이다. 어린 시절 트로트 신동으로 불리던 그가 작곡가의 길로 접어들게 된 사연은 무엇일까. 지금부터 그의 옛이야기를 따라가 보기로 하자

1942년 아버지 임응규 옹과 어머니 서창옥 여사 슬하에 5남 3여중 막내로 태어난 임종수는 어린 시절부터, 부유했던 옆집 유성기에서 흘러나오는 유행가를 들으며 자랐다. 5~6세 때부터 한두 번만 들으면 그 어떤 유행가도 똑같이 부를 줄 알았던 남다른 음악적 재능으로 그는 동네의 명물이 되었다.

당시 순창군의 자유당 국회의원이셨던 임차주 의원이 지역구 관리차 동네에 들르시면 그의 노래를 들고서야 일정을 마쳤다고 하니 그 유명세가 어느 정도인지 짐작이 간다.

"그때 내 나이가 5살이었나. 6살이었나. 그랬어요. 부친께서 시조창을 참 잘하셨어요. 순창의 명소인 성천의 당산나무 밑에 돗자리 펴고 양반 자세로 앉아 '세월이 유수하여~' 하시면서 몇 시간씩 부르곤 하셨는데 내가 옆에서 똑 같은 자세로 앉아 '세월이 유수하여~' 하시면서 아머지 흉내를 내면 어르신들께서 감탄하셨던 기억이 지금도 생생해요"

아버지로부터 물려받을 법한 그의 재능을 형제들은 그리 대수롭지 않게 여겼다. 형제들이 아버지를 닮아 모두 노래를 잘하였기 때문이다

그 자신도 그저 당연히 좋아하고 잘하는 것이구나 생각하며 살았다

그에게는 노래 실력 외에 또 하나의 장기가 있었다. 바로 달리기였다. 군내(郡內) 초등학교 운동회 400미터 계주 경기에서 우승한 것을 비롯하여 크고 작은 각종 대회에서 11번의 우승을 차지하여 교장선생님의 총애를 받으며 초등학생 시절을 보냈다

이리 남성 중학교로 진학한 그는 친구들과의 잦은 다툼 속에서 중학교 생활을 시작했다. 삼남 극장 사거리에 있는 전주 여관에서 형님과 함께 방 하나를 빌려 하숙을 하던 임종수는 순창 촌놈이라 깔보던 이리 출신 학생들과 다툼이 잦았다.

다행히 넷째 형님에게 배운 태권도와 공수도 실력으로 자신의 존재를 각인시킬 수 있었다. 하지만 그의 존재감이 교내에 여실히 드러나게 된 계기는 따로 있었다.

그때가 4월 소풍날인데, 운동장에 모여 있을 때 갑자기 소나기가 오는 거예요. 그래서 교감 선생님께서 강당으로 들어가라고 하셨어요. 그러고는 1학년 1반부터 한 반에 두 사람씩 노래를 하는데, 1반부터 준비해 갖고 나오라고 하시는 거예요.

그때만 해도 한 반이 70명이었는데, 그중 40명이 이리 초등학교 출신이었어요. 그렇게 많았어요, 이리 초등학교 출신이. 마침 우리 1반에 가장 노래 잘하는 아이가 있었나 봐요. 그런데 그 아이가 안 나와요. 그래서 내가 나갈게 하고 나갔어요. 난 나가서 부르고 싶은 맘이 있었으니까. 거수경례하고 무반주로 명국환 선생의 <백마야 울지 마라>를 불렀어요. 선생님들, 요즘 말로 다 드러누우셨어요.

당시 중학교 1학년 수준의 레퍼토리라고 하면 <메기의 추억>이나 <즐거운 나의 집> 등이 고작이었는데, 전교생이 운집한 교내 강당에 남성 중학교 1학년 시절서 유행가를 불렀으니 교칙 위반도 그런 위반이 없었을 것이다. 하지만 그는 노래에 관한 한 초등학교 1학년 때부터 위반의 관록이 있으니 두려울 것이 없었다.

빗소리가 들리는 교내 강당에, 고향을 생각하며 눈물을 흘리는 백마를 달래는 노래가 흐르는 장면을 생각해 보라. 그렇게 아름다운 위반을 그 누가 문제 삼을 것인가. 그날 이후 그의 위상은 크게 바뀌었고, 까까머리 중학생으로부터 한 잔의 훈훈한 차 같은 추억을 선물 받은 선생님들도 그를 예뻐할 수밖에 없었다.

그는 이렇게 어려서부터 가수의 꿈을 키워 가고 있었다. 선천적인 재능도 있었지만 그보다는 노력으로 이루어 가려는 소망이 더 크게 자리 잡고 있었다.

초등학교 때 우리 동네에 사는 선배 한 분이, '너는 노래를 잘하니까 이다음에 가수가 되어야 한다. 그런데 가수가 되려면 매운 것, 담배, 술, 이런 거 먹으면 안 된다.'라고 얘기했어요. 나는 그때 4, 5학년이었거든요. 지금 생각하면 지나가는 이야기로 한 건데, 그때 이 얘기를 듣고 그것이 내 골수에 사무쳐서 군대 3년 동안 술 한 잔 안 마시고, 담배 한 대 안 피웠어요.

임종수의 가수를 향한 꿈과 노력은 이미 초등학교 때부터 시작되고 있었던 것이다.

문제는 나잇값이다

임동준 | (주)동성산업 회장, 시인

　　내 나이도 어느덧 93살이다. 해가 바뀌면 자연스레 나이를 먹지만 나이 드는 게 그리 쉬운 일은 아니더라. 변화하는 몸을 어떻게 대할지, 과거에 얽매이지 않으면서 지나온 시간과 관계를 이어가는 방법은 무엇일지, 놓지 못하고 꾸역꾸역해내는 일들을 도대체 몇 살까지 해야 할지, 이렇게 나이 드는 게 도대체 나와 세상에 어떤 의미일지 등등. 일단 나이를 떠올려 생각을 시작하면 삶과 세계 전체가 나이를 축으로 놓이고 복잡한 상관관계가 예상하지 못한 그래프를 그리며 하루하루를 산다.

　　요즈음 90에 접어든 친구들과 가끔 만나 나이 듦의 대화를 나눈다. 우정, 회고, 은퇴, 사랑, 빈곤, 나눔 등 고대부터 오늘까지 이어진 나이 듦의 주제를 각자의 문제의식과 학문적 경향을 바탕으로 풀어낸다. 그리고 나이 듦에 필연적으로 따라오는 것들을 지혜롭게 맞이하는 태도와 필연적으로 따라오지 않지만 필요하거나 희망하는 것들을 관계와 공동체 속에서 현명하게 다루는 방법을 깊고 넓게 살핀다.

무엇보다 대화를 나누는 친구들과의 사려 깊은 자세와 우아한 말투, 품격 있는 사유에서 '지혜롭게 나이 든다는 것'이 어떤 모습인지 확인할 수 있으니, 올해가 지나기 전에, 그러니까 한 살 더 나이가 들기 전에 나 자신을 반추한다.

문득 남은 인생, 어떻게 살 것인가를 생각한다. 나이가 들면 누구나 이런 생각을 하지 않을까. 요즘 틈틈이 선인들이 남긴 묘비명을 읽으면서 나의 삶을 정리하곤 한다. 아니 나의 묘비명은 무어라 써야 할까?

백년 전쟁 때 영국의 태자였던 에드워드(1330~1376)의 묘비에는 다음과 같은 글이 있다. "지나가는 이여! 나를 기억하라! 지금 그대가 살아있듯이 한때는 나 또한 살아 있었노라! 내가 지금 잠들어 있듯이 그대 또한 반드시 잠들리라"

어느 성직자의 묘지 입구에도 비슷한 내용이 있다. "오늘은 내 차례, 내일은 네 차례"라고 적어 삶이 유한하다는 것을 암시하고 있다.

유럽을 정복한 알렉산더대왕(BC 356~323)은 다음과 같은 유언을 남겼다. "내가 죽거든 나를 땅에 묻을 때 손을 땅 밖으로 내놓아라. 천하를 손에 쥐었던 이 알렉산더도 떠날 때는 빈손으로 갔다는 것을 이 세상 사람들에게 알려 주기 위함이다."

유명한 헨리 8세의 딸로서 왕위에 오른 엘리자베스 1세(1533~1603)는 어려운 여건 속에서 훌륭한 정치 수완을 발휘해 영국의 왕정을 반석에 올려놓았다. 그러나 그 역시 묘비명에는 다음과 같은 짧은 말을 남겼다. "오직 한순간 동안만 나의 것이었던 그 모든 것들!!"

임마누엘 칸트(1724~1804)는 수십 년 동안 규칙적으로 산책했다. 사람들은 그가 산책하는 것을 보고 시간을 짐작했다고 한다. 그랬던 칸트도 임종이 가까워지자 침대에 누워 있을 수밖에 없었다. 하물며 먹을 수도 없었다. 하인은 칸트가 목이 마를까 봐 설탕물에 포도주를 타서 숟가락으로 조금씩 떠먹였다. 어느 날 칸트가 더는 그것을 마시고 싶지 않다는 뜻으로 "인제 그만"이라고 말했다. 그것이 칸트가 남긴 마지막 말이다.

최근 교보문고가 발표한 세계문학 선호도 조사 결과에 따르면 50~60대가 꼽은 1위작이 '그리스인 조르바'였다. 저자 니코스 카잔차키스(1869~1941)가 건네는 자유와 해방의 목소리가 좋았나 보다. 그의 뜻은 묘비명에 잘 나타나 있다. "나는 아무것도 바라지 않는다. 아무것도 두려워하지 않는다. 나는 자유다."

몇 년 전 시애틀 타임스는 61세의 나이로 세상을 떠난 여성 작가 제인 로터의 부고를 실었는데 이 부고를 쓴 사람은 바로 작가 자신이었다. 그는 삶이란 선물을 받았고 이제 그 선물을 돌려주려 한다면서 남편에게 쓴 유언에 "당신을 만난 날은 내 생에 가장 운 좋은 날이었다"라고 전했다. 죽음 앞에서도 의연하고 살아있는 사람을 배려하는 모습이 감동을 준다.

중국의 동산(洞山) 선사(홍인 601~674)는 살아 있을 때는 철저하게 삶에 충실하고 죽을 때는 철저하게 죽음에 충실히 하라고 가르쳤다. 그가 죽기 전 남긴 말은 다음과 같다. "이생은 멋진 여행이었다. 다음 생은 어떤 여행이 나를 기다리고 있을까?"

이 밖에도 많은 묘비명이 있지만 제일 충격적인 것은 버나드 쇼(1856~1950)의 묘비명이다. 그는 1950년 사망할 때까지 극작가, 평론가, 사회운동가 등으로 폭넓은 활동을 하면서 1925년에 노벨문학상을 받았다.

당시 인기 절정이었던 무용가 덩컨(1878~1927)이 "저와 같이 뛰어난 용모의 여자와 당신처럼 뛰어난 자질의 남자가 결혼해 2세를 낳으면 훌륭한 아기가 태어날 것"이라며 구혼의 편지를 보내오자, 버나드 쇼는 "나처럼 못생긴 용모에 당신처럼 멍청한 아기가 태어날 수도 있지 않겠소"라며 거절했다.

이렇게 오만함과 익살스러움으로 명성을 떨쳤던 버나드 쇼는 94세까지 장수하며 자기의 소신대로 살았다. 하지만 그가 남긴 묘비명이 충격적이다. "내 우물쭈물하다가 이렇게 될 줄 알았다" 그는 동서양에 걸쳐 명성을 떨치고 의미 있는 삶을 살다 간 문인이요, 철학자며 노벨상까지 받은 인물이다. 이런 사람이 자기의 삶을 되돌아보며 우물쭈물했다고 자평한 것이다. 그도 삶의 마지막 순간에 정말 중요한 것을 놓치고 살았다고 후회했을까?

세월은 이처럼 유수같이 흘러간다. 앞으로 남은 시간은 더 빨리 지나갈 것이다. 그러나 사람들은 영원히 살 것처럼 생활하다가 임종이 다가와서야 쩔쩔매며 후회한다. 먼저 살았던 사람들의 묘비명이 그것을 말해준다.

이제 우리가 할 일은 그들이 알려주는 조언을 듣고 똑같은 후회를 반복하지 않도록 준비하는 것이다. 자신이 사후에 어떻게 기억됐으면 하는지 생각해 보는 것도 좋다. 남은 생은 그렇게 살아갈 수 있도록 노력하는 과정이다. 바쁜 일상에서 잠깐 일손을 멈추고 자신의 묘비명을 그려 보는 것도 인생 2막을 설계하는 데 도움이 될 것이다.

'산은 산이요, 물은 물이로다'의 경지에는 이르지 못하더라도 누군가와 비교하지 않은 나만의 삶, 현재의 처지와 입장을 받아들이고 인정하는 겸허한 나만의 삶이 자신을 풍요롭게 할 것으로 믿어본다. 인생 2막 한 번쯤 되뇌며 성찰하고 생각해 볼 일이다.

살다 보니, 늙어가는 모습은 똑같더라. 세월에 장사 없다고 몸도 오래 쓰니 고장이 잦아지는 것 같다. 슬픈 일이다. 이 몸 오랫동안 내 것인 양 잘 쓰고 있지만, 버리고 갈 것에 불과한 썩어 갈 거죽에 불과한 것을 사는 동안은 별 탈 없이 잘 쓰고 돌려주고 갔으면 한다. 멀어지는 젊음을 놓지 않으려고 발버둥을 치는 모습은 가엾음을 들게 한다. 세월은 속일 수 없는 법 이런저런 수단으로 붙잡고 늘어져 봐야 결국 늙어가는 모습은 똑같더라.

독일 민요에 이런 내용이 있다. "나는 살고 있다. 그러나 나의 목숨의 길이는 모른다." 얼마나 오래 살았느냐가 중요한 것이 아니라 어떻게 살았느냐가 중요하고, 몇 살인가 가 중요한 게 아니라 얼마만큼 나잇값을 하며 올바르게 살고 곱게 늙어가고 있느냐가 중요하지 않을까.

문제는 나잇값이다. 고희(古稀), 즉 70이 넘으면 많은 사람이 이렇게 말한다. "추하게 늙고 싶진 않다!" 하지만 현실은 바람과 다르다. 쉰이 넘고 예순이 지나 일흔이 되면서 외로워지고, 자기 삶에 만족할 수 없는 사람이 많아진다. 과연 오래 산다는 것은 우리에게 축복이 되어줄까? 아니면 비극으로 치달을 수밖에 없는 운명적인 사건일까? 우주의 깊은 나이를 가늠할 때, 100년이라는 시간을 놓고 오래 산다고 따지는 것도 우스운 얘기이다.

사랑 앞에 나이는 없다

임춘식 | 한남대학교 명예교수, 사회학 박사, 시인

웰빙(well-being)에 이어 웰에이징(well-aging)의 시대가 왔다. 단순히 잘 사는 것을 넘어 잘 늙어가야 한다. 식생활을 챙기고 운동하며 사람들과 활발한 관계를 이어가는 행동을 통해 건강하고 행복한 나이 듦에 적극적으로 나서는 것이다. 건강한 노화에 사랑도 빠질 수 없다. 봄이 오면 설레고 새로운 만남에 가슴 뛰는 것이 요즘 시대의 건강한 노화다.

평균 수명의 연장으로 인구의 고령화가 빠르게 진행되고 있다. 이제 70대는 노인이 아니며 젊은 사람보다 더 젊음을 유지하고 살아가는 80대 노인도 흔히 볼 수 있다. 나이만 먹었지, 신체적으로 건강한 이른바 젊은 노인의 시대가 도래한 것이다. 그렇다면 젊은 노인들의 성은 어떤 모습일까.

나이 들어 주책이라고 비난하던 시대는 지났다. 사랑에는 국경도 없거니와 나이도 없다. 노년의 사랑은 세월만큼이나 깊고 다양하며 편견도 없다. 평생을 약속한 배우자와 여전히 사이좋은 사랑이 있는가 하면 새로운 인연을 만나 젊은이들 못지않게 데이트를 즐기는 노인도 많다.

나이가 들어도 사랑과 함께 찾아오는 기분 좋은 긴장감은 삶을 더 활기차게 만드는 원동력이 된다. 서로 신뢰하고 사랑하는 이와 함께 하는 것만으로도 정서적인 안정감이 생겨 노년층에게 발생하기 쉬운 우울증이나 불안감이 줄어든다. 신체적 건강에도 긍정적이다.

고령에 접어들면, 성생활과는 담쌓을 것이라는 편견을 갖고 있다. 노년기의 적절한 성생활은 건강한 삶의 질을 유지하는 즐겁고 유쾌한 방법이다. 대한임상노인의학회(2021) 춘계학술대회에서, "60~64세 84.6%, 65~69세 69.4%, 70~74세 61.9%, 75~79세 58.4%, 80~84세는 36.8%가 성생활을 하고 있으며", 다른 조사에서도 "성생활을 하는 노인 중 53.4%가 만족하고 있다"라고 나타났다.

노인의 성 문제는 비단 그들만의 것이 아니라 우리 모두에게 다가올 미래에 대한 준비다. 노인의 성이 인생의 황혼기에서 마지막까지 아름답게 유지될 수 있도록 그동안 방치되어온 노인의 성 문제에 대해서 보다 깊은 애정을 가지고 접근할 필요가 있다.

젊은이에게 성은 아기를 낳고 쾌락을 즐긴다는 측면이 있지만, 노인들에게는 성적인 의미 외에 비 성적인 의미가 있다. 성관계가 가능하다는 것은 노인들에게 아직 살아있다는 인식을 일깨우며 삶의 활기를 전해주는 것이다. 성적으로 건강하다는 것은 정신적으로, 육체적으로 건강하다는 뜻이기 때문에 나이 들어도 성욕이 생기는 것은 당연한 일이다.

성 기능은 건강의 척도이기 때문에 아무리 나이가 들었다 해도 성 기능에 문제가 있다면 그것은 고혈압과 당뇨병, 고지혈증 등 성인병의 전조라고 전문의들은 말한다. 성관계는 자주 하면 할수록 건강에 좋은 것이기 때문에 노인의 성을 주책이라고 깎아내리는 것은 편견일 뿐이다.

나이가 들어도 규칙적인 성생활을 하는 게 건강에 이롭다. 삶에 대한 만족도가 높아질 뿐 아니라, 심장·혈관·뼈·근육도 튼튼해진다. 성관계는 운동 효과를 낸다. 심장, 뼈가 튼튼해지고 남성의 경우 규칙적으로 사정하면 전립선도 건강해진다. 호르몬을 유지하는 데에도 도움이 된다.

홀로된 노인들은 재혼이나 이성 교제의 기회를 누리지 못해 성을 억압당하고 있다. 노인들은 재혼하고 싶어도 자식들의 반대로 인해 참고 사는 경우가 많은데 재혼을 막는 것은 노인에 대한 인권침해라고 할 수 있다.

은퇴 후 자식들 시집·장가 보낸 뒤 '이제 시간이 많으니 부부관계를 하자'고 생각하는 것은 잘못이며 젊을 때부터 적극적으로 부부관계를 해야 나이가 들어서도 만족스러운 성생활을 할 수 있다. 노인성 문제의 부작용을 줄이려면 무조건 숨기지 말고 차라리 양성화해 안전하게 만남의 장을 만들어 주어야 한다.

인간의 가장 오랜 염원인 무병장수와 함께 성은 인간의 가장 기본적이고 원초적인 욕구다. 그런데도 흔히 인간의 성에 대한 욕구나 성행위는 젊은 층만의 전유물이라는 생각이 우리 사회 전반에 지배적으로 확산하여 있다.

성관계는 젊은이들의 일이지 나이 많은 노인들의 일이 아니라는 폐쇄적이고 성을 터부시하는 사회적 환경이나 문화적 배경 때문에 노인들이 성생활을 부담 없이 즐길 여건이 조성되지 못하고 있다.

늙으면서 생리적으로 성욕이 감소하고 성 기능도 떨어져 성생활 빈도와 강도는 줄지만, 여전히 성생활은 노년기 삶의 한 부분임을 인정해야 한다. 노년의 성은 신체에 의한 자기 표출이며 친밀한 인간적 교류이다. 자연스러운 현상임을 직시해야 한다.

신체적 쇠퇴기와 성욕 감퇴의 등식화된 부정적 심리와 잘못된 통념으로 문제의 공개적 해결을 어렵게 했던 사회 분위기는 전반적으로 노년의 가치를 새롭게 인식하는 전환이 요구된다. 또 생을 마치는 순간까지 남성으로서, 또는 여성으로서 성의 즐거움을 느끼고 행복 추구의 긍정적 사고와 권리로 받아들여 무관심과 차별에서 벗어나 사회의 관심과 배려를 끌어내도록 노인 자신의 노력이 필요하다.

우리는 지금까지 성행위를 젊은이에게만 적절한 것으로 여기며 나이가 들면 성적 감정이 없어진다든가 노인이 파트너를 구하거나 성생활을 하는 일은 주책스러운 일로 치부해 왔다. 그러나 인구가 고령화될수록 노인의 삶에서 성이 차지하는 비중은 높아진다. 실제 상당수 노인은 신체기능은 떨어져도 성생활은 계속할 수 있다는 것이 의학계의 정설이다.

실제로 노인들은 신체기능은 쇠퇴해도 만족스러운 성생활을 계속할 수 있다. 하지만 성 반응에서 기대된 신체적 변화에 너무 민감하게 반응하는 사람들은 자기들의 성생활 수명은 끝났다고 결론짓고 성적 활동을 포기하거나 신체적인 애정 표현을 거부한다. 사람이 늙어갈수록 성생활은 중요하다. 노인의 성생활은 쇠퇴해가는 생물학적 과정에 좀처럼 시들지 않는 마지막 희망이며 즐거움을 주는 소중한 것이라는 것을 간과해서는 안 된다.

최근 들어 노인의 성이 무분별한 개방과 문란으로 성에 대한 도덕이나 윤리 문제들이 대두되고 있다. 사회적인 성의 개방 풍조와 직업여성의 증가, 성도덕의 타락과 환락 추구, 퇴폐적인 사회 분위기, 성병에 대한 지식과 성병의 폐해에 대한 인식 부족 등으로 성병은 기하급수적으로 증가하고 있을 뿐만 아니라 노인의 일탈은 범죄로 이어지기도 한다. 전체 성범죄자 가운데 10%는 노인이기 때문에 노인의 성 문제를 바로 해결하지 못하면 장차 사회의 부담으로 돌아올 가능성이 있다.

노인들 스스로가 제일 먼저 성생활에 대해서 긍정적이고 개방적인 자세로의 전환이 우선적인 관건이다. 하지만 노인 자신이 이미 나이가 들었고 성적인 욕구가 있어도 이러한 욕구를 해소하기가 쉽지 않은 상황에 놓여 있는 경우도 많다. 이를 애써 회피하거나 참고 음성적인 방법으로 해소하기보다는 성적 욕구에 대한 적당한 표현과 적절한 해소가 노년기의 신체적, 정신적 건강에 도움이 된다는 사실을 알아야 한다.

사랑 앞에 나이는 없다. 제발, 나이 뒤에 숨지 말자. 적절한 성생활을 통하여 건강하고 행복한 노년이 되도록 해야 한다.

묘비명은 무엇인가?

임양재 | 탑에너지/ 굿모닝에너지 부사장

묘비명(墓碑銘)은 죽은 사람을 기리는 짧은 문구입니다. 비석에 새겨진 문구를 가리킵니다. 일부 묘비명들은 사망 전에 자기 자신이 직접 쓰기도 하며, 그 외에는 매장을 책임지는 사람들에 의해 선택됩니다.

대부분의 묘비명은 가문, 경력, 죽은 이의 간략한 기록일 수 있습니다. '친애하는 아버지'와 같은 사랑이나 존경의 표현이 들어갑니다. 저명인사의 묘비명은 가문의 기원, 경력, 선행에 대해 점차 장문의 글을 쓰는 경향도 늘어났습니다.

죽음은 삶을 건강하게 하는 중요한 방부제 같은 것입니다. 만약 영원히 산다면 인간들은 지금보다 더욱 오만해질 것이 분명합니다.

사람이 죽으면 묘비명을 씁니다. 자신이 직접 썼든 누군가가 써주었든 묘비명에는 죽은 사람의 삶과 정신을 보여주는 경구가 새겨지기 마련입니다.

지나간 인생을 반주하면서. 내가 죽은 내 묘비명은 어떻게 써질까를 늘 염두에 두면서 인생을 사는 것도 의미 있는 일일 듯싶습니다. 누구나 반드시 죽습니다. 그러나 죽음은 끝이 아닙니다. 영원한 존재로서의 과정으로 삶의 일부분이기 때문입니다.

우리는 죽음을 어떻게 맞이할 것인가. 최근 들어 존엄사에 대한 논란이 일고 있습니다. 존엄사란 최선의 의학적 치료를 다 했음에도 회복 불가능한 사망의 단계에 이르렀을 때. 인간으로서 최소한의 품위와 가치를 지키며 죽을 수 있게 하는 행위입니다.

즉 사전에 죽음을 어떻게 맞이할 것인가에 대한 결정 의지입니다. 죽음은 일방적으로 당하는 것이 아니라 맞이한다고 보는 것이 타당합니다. 태어난 것을 자신이 선택할 수 없지만 죽음에 대해서는 자신의 책임이기 때문입니다. 따라서 장례를 애도하거나 피할 것이 아니라 삶의 과정으로 인식했으면 합니다.

내가 태어났을 때 나 혼자 울고, 주위 사람들 모두는 웃었고, 내가 죽을 때는 나 혼자 웃고, 주위 사람들은 모두가 우는 삶을 살고자 노력한 자에게는 죽음은 승리이자 죽음으로부터의 진정한 해방입니다.

당신의 묘비명은 무엇으로 정할까? 오늘이 내 인생의 마지막 날이라면 어떤 말을 남길까요? 묘비명은 죽은 이를 기리기 위해 생전의 업적과 관련된 내용을 비문에 새길 내용을 곰곰이 사전에 작성해 보는 것도 현명한 일입니다. 멀지 않은 훗날 지인이 성묘 갔다가 묘비명을 볼 보게 될 것입니다.

사례로 위인들의 묘비명과 유언을 보면 다음과 같습니다. 시대를 밝힌 '큰 별' 김수환 추기경의 묘비에는 "주님은 나의 목자, 나는 아쉬운 것이 없어라."라는 묘비명과 생전의 사목이었던 "너희와 모든 이를 위하여"라는 글귀가 새겨졌습니다.

인간에 대한 한없는 애정이 삶의 이유였던. 추기경의 모습을 그대로 옮겨 놓은 듯합니다. 남은 사람은 떠난 사람이 남긴 마지막. 말을 어떻게 받아들이고, 그 속에서 무엇을 배울까? 역사 속 위인의 유언과 묘비명을 통해 그 답을 찾을 수 있습니다.

우리나라에서는 삶을 '팍팍하다'라고 표현하는 경우가 많습니다. 한많은 민족 정서는 유언이나 묘비명에도 그대로 반영됩니다. 반면 서양의 묘비명은 예전부터 냉소적이고 재치 있는 형식을 갖추는 것이 일반화돼있습니다.

모진 풍파를 겪은 사람일수록 그 재미는 더합니다. 100년 가까운 생을 살며 제1, 2차 세계대전을 모두 겪은 영국의 극작가 조지 버나드 쇼(1856~1950)는 묘비에 "우물쭈물 살다 내 이럴 줄 알았지"라는 엉뚱한 글귀를 새겼습니다.

글 쓰는 일을 평생 업으로 삼은 사람다운 기발한 재치가 엿보입니다. 그러나 재치 있는 말에 마냥 웃을 수만은 없습니다. 그의 말대로 '우물쭈물한다.' 기회를 그냥 놓치는 일이 허다하기 때문입니다.

그는 인생을 허망하게 날리는 사람들에게 준비하는 삶의 중요성을 강조하고 싶었던 것입니다. <노인과 바다>로 유명한 소설가 어니스트 헤밍웨이(1899~1961)는 인간의 비극적 모습을 간결하게 표현하던 자신의 문체 그대로 "일어나지 못해 미안하오"라는 묘비명을 남겼습니다.

우리나라에도 재치 있는 말을 남긴 사람이 있습니다. '걸레', '미치광이 중'을 자처하며 신을 파격으로 일관했던 중광 스님의 묘비명은 "괜히 왔다 간다"입니다. 권력이나 물질적 풍요를 누렸던 인생이든, 가난에 찌들었던 인생이든 모두 덧없는 것임을 명쾌하게 표현한 문장입니다.

이 밖에도 "여기에 무신론자가 누워있다. 옷은 차려고 입었는데, 갈 곳이 없구나", "물로 이름을 쓴 한 남자가 여기 누워있노라"등 위트는 있으되 그저 웃으며 지나칠 수 없는 의미를 내포한 묘비명도 있습니다.

묘비명은 한 사람의 치열했던 인생 기록이며 또한 떠난 자와 남은 자들의 대화입니다. 서양화가 박수근(1914~1965)은 "천당이 가까운 줄 알았는데 멀어, 멀어…", 시인 조병화(1921~2003)는 "나는 어머님 심부름으로 이 세상에 나왔다가 이제 어머님 심부름 다 마치고 어머님께 돌아왔습니다"라는 묘비명을 각각 남겼습니다.

호랑이는 죽어서 가죽을 남기고 사람은 죽어서 이름을 남긴다고 했습니다. 사람이 죽고 나면 비록 육신은 사라지지만 살아생전 그 사람의 업적이나 행적을 묘비명을 통해 알 수 있습니다. 우리 풍습에는 추석 명절이나 기일에 후손들이 조상에게 제사를 지내거나 산소를 직접 찾아 성묘합니다.

묘비명은 세상을 살다가 이승에서 저승으로 가기 위해 하직하는 마지막 인사입니다. 묘비에 이름을 새기는 것뿐만 아니라 자신이 하고 싶은 말을 남기기도 했습니다. 한 사람의 인생을 압축해 설명하고, 어떻게 기억되고 싶은 마음과 바람이기도 합니다.

그렇지만 한 편으로는 마음이 편치 않습니다. 저출산, 초고령화 사회가 되면서 묘지가 사라지고 있는 요즈음 묘비를 세우는 것은 소설에나 나오는 이야기가 되어 버렸습니다. 변해도 너무나 변한 세상에 사는 사실이 두렵기만 합니다.

황혼의 상념

임재근 | 전 합천 부군수, 시인

나도 모르게 세월이 너무 빨리 지나 버렸다. 어느 순간 황혼에 접어드니 가끔은 살아온 날들을 회상하게 되고 저물어 가는 인생 여정을 곰곰이 생각하게 된다.

대가족 품속에서 사랑받고 부대끼면서 출출한 배를 물 한 바가지로 채워가며 6.25 동란으로 포화에 불탄 학교 운동장 귀퉁이 나무 그늘을 전전하며 짬짬이 공부로 초등학교를 나와, 농사일 거들며 중. 고등학교를 어렵게 졸업했으나, 주변에 도움 줄 사표(師表)가 없어 한때 방황하기도 했었다.

전쟁의 상흔이 가시지 않은 때에 애국하는 마음으로 군대에 입대해 반공(反共)을 외치며 34개월을 복무하고 만기 제대를 하고 집에 돌아왔으나 딱히 할 일이 없었다. 빈둥빈둥하던 시기 어머니 성화와 지인의 중매로 좋은 사람 만나 연을 맺고 눈물겨운 사랑을 하였지만 살아갈 길이 막막하였다.

잘살아보려 이곳저곳 헤매든 와중에 5.16 혁명정부가 들어섰다. 나라의 기틀이 잡히고 법치가 바로 서는 덕에 공채시험이 있었고, 나도 응시해 운 좋게 공무원이 되었다.

근 40여 년 재직 기간 동안 공화국이 몇 번 바뀌었고, 나는 군청 시청 도청의 지방행정조직을 두루 거처 근무하였다, 자랑할 공적도 있고 부끄러운 허물도 더러 있다. 국가에는 충성, 국민에겐 봉사, 직무에는 책임, 직장에는 신의, 생활에는 청렴과 질서를 신조로 멸사봉공(滅私奉公)의 정신으로 시민에게 봉사하며 나라 위해 신명 바쳐 일했다.

하지만 가정생활은 쥐꼬리만 한 월급 받아 대가족 건사하느라 무척 애도 먹었다. 장남으로 봉제사도 부모 봉양도 동생들 교육도 당연시한 몫이었다. 그땐 그의 다 그랬다. 가정생활은 늘 쪼들렸다.

은행 대출받아 자식들 대학 보내고 대도시 유학은 꿈도 꾸지 못했다. 지금도 자식들에게 미안함이 마음 한구석 남아있다.

자녀들로부터 팔순 상(床)을 받은 지도 벌써 몇 년 지났다. 퇴직할 때는 이 나이까지 생각지를 못했다. 일찍이 제2의 인생 준비해야 했었는데 아쉽다. 이제 팔십 중반에 들고 보니 세월이 정말 쏜살처럼 달림을 실감한다.

사랑에 울고 돈에 허덕이고 일에 지치고 명예에 멍들었던 지난 일은 다 제쳐놓고 이제 남은 생 마음 편히 살려 하지만 두렵기도 하다. 지친 몸 감당키 어려운데 어느 날 병마와 싸우다 문득 삶의 짐 벗어 던지고 한 줌 흙으로 돌아가야 할 초로인생(草露人生)이 아니든가.

이것이 일제 강점기 말 즈음 농촌에서 태어나 해방정국 6.26사변 보릿고개를 거쳐 농업사회, 산업화사회, 정보화 사회로의 변천을 몸으로 겪으며 살아온 우리 보통 사람들의 한평생이 아닌가 싶다.

퇴직하고 세월이 꽤 흘렀지만 그래도 어쩌다 그 옛날 근무지를 지나칠 때면 그 시절 일한 업적이 생생히 떠올라 회심(會心)의 미소를 짓기도 한다. 그럴 땐 심신이 가뿐해 힐링이 되고 나의 반평생 공직 생활에 새삼 자긍심을 갖게 된다.

우리 인생이 바쁜 일정에 쫓기어 미지를 향해 달리는 기차 여행이라는 말은 있지만, 아버님 뼈를 빌고 어머님 살을 빌어 삼신할머니 공덕으로 이 세상에 태어나, 아이 때는 가족의 품에서 자라다 성장하면서 차츰 혼자가 되다, 성인이 되면서 여러 사람과 어울려 사회생활을 한다. 서로 도우며 때론 경쟁하며 사랑 부와 명예 건강과 행복을 추구하기 위해 속고 속이는 한 편의 드라마처럼 바락바락 그린다. 그러다 마지막엔 모든 것 버리고 맨손으로 가다니 실로 인생무상이 아닐 수 없다.

우리의 삶이 알고도 모른 척, 모르면서 아는 척 있어도 없는 척, 없어도 있는 척, 사랑의 허울 앞에, 재물 앞에선 피도 눈물도 윤리・도덕도 팽개치고, 빈 항아리 마냥 입을 벌리고 주워 담으려고만 할까?

내 삶도 개미 쳇바퀴 돌 듯 돌고 돌아 그 발자취의 흔적에 선(善)과 악(惡)이 애(愛)와 증(憎)이 덕(德)과 졸(拙)이 나타나기에 잘한 일엔 웃음 짓고 잘못한 일 실패한 일엔 후회하고 회심에 눈물지며, 좀 더 보리심(菩提心)을 갖고 베풀면서 살아야지 하고 다짐도 하지만 작심삼일(作心三日)로 끝나는 경우가 다반사라 겸연스레 회심(回心)의 미소를 짓곤 한다.

그래도 생이 끝나는 날까지 타인에게 피해 주지 않고 되도록 선행(善行)을 쌓아 후일 지탄받지 않는 사람이 되기를 소망하며 그렇게 살려 애써본다.

뒤돌아보면 좋았던 일도 있었지만, 기억조차 하기 싫은 나쁜 일 슬픈 일 어려웠던 일들이 먼저 떠 오른다. 아마도 죽을 때까지 뇌리에 남아 추억으로 소환되겠지, 하지만 이 또한 내가 지워야 할 황혼의 과제가 아닐는지.

이제 나의 인생여정도 마치 기차가 달려가듯 종착역이 몇 정거장 남지 않은 듯하다. 어영부영하다가 황혼길에 접어들고 보니 잠 못 이루는 밤이 자주 찾아와 이런저런 생각들로 머리가 뒤숭숭하다.

내 삶에 도움을 준 고마운 사람 짓궂게도 애를 먹이고 심히 방해된 사람 난제에 부딪혀 골몰했던 일성과 자축하며 희열(喜悅)했던 일 모멸감(侮蔑感)에 직장을 그만두고 싶었던 일, 울화가 터져 죽고 싶도록 괴로워했던 때는 가족 얼굴이 떠올라 붓으로 '참을 인(忍)' 자를 수없이 쓰며 버티고 살아왔다.

살다 보니 보람이 있었던 일도 더러 있었다. 용케도 잘살아 오늘이 있음에 감사하다. 나와 인연 되어 함께한 사람들의 면면이 떠 오른다. 참으로 감사드리고 두 손 모아 행복을 빈다.

이처럼 거친 파도 헤치며 흘러온 내 인생의 기억하고 싶지 않은 사건마저도 곰곰이 생각해 보면 모두가 소중했던 내 인생여행의 편린(片鱗)이었기에 이 모두를 핑크빛 추억으로 간직하고 웃으며 살련다.

은혜로운 인연 덕분에 오늘이 있음에 감사하고 남 탓 그만하고, 타타타(ta tha ta)의 여여(如如)한 마음으로 석양의 노을이 아름답듯 황혼의 마음을 다듬어 본다.

인생에서 은퇴란 없다

임연희 | 아트앤컬트코리아 대표, 록 싱어

나는 청소년 시절부터 미8군 연예단 하우스밴드 록 음악(Rock music)에 빠져 육십 평생 록 가수로 활약하고 있다.

전남 함평군 학다리에서 태어나 초등학교 3학년 때 상경 흑석동 달동네에서 어렵게 생활했다. 당시 아버지는 몸이 편찮하셔서 노동을 하지 못했다. 나는 아르바이트를 하면서 서대문에 있는 학원에서 1여 년 기타를 열심히 배웠다. 고등학교 2학년 방학 때 언니 친구 밴드 소개로 베이스 기타 헬파로 6개월 가량 배우면서 생계를 위해 가장 소녀로 8군 무대에 데뷔했던 것이다. 이건 행운이었다.

어쨌든, 소녀가장인지라 무딘 세월의 풍파 속에서 결혼마저 포기하고 록 음악에 빠져 여기까지 굳건하게 살아온 세월을 자랑스럽게 생각한다. 맹렬 여성으로 홀로 성장했기 때문이었다.

내가 좋아했단 록 음악(영어: Rock music)은 1980년대 최고로 유행했었다. 이런 분위기에 쓸러 나도 록 가수가 되었다. 록 음악은 1960년대 중반부터 특히 미국과 영국에서 다양한 스타일로 발전했다. 록은 일반적으로 보컬, 리드 전기 기타, 베이스 기타, 드럼의 넷으로 구성되며, 전자 기타와 드럼 소리가 특징이었다.

대개 보컬, 전기 기타, 그리고 강한 백 비트로 구성되며, 백 비트는 신시사이저부터 색소폰 등, 여러 종류의 악기들에 의한 스타일이 일반적이다.

21세기에 들어서는 여러 가지 악기로 다채로운 소리를 추가하기도 한다. 록 음악은 젊음의 기쁨을 찬양하거나, 때로는 젊은 층이 가진 욕구 불만을 표현하기도 한다. 가사는 종종 낭만적인 사랑을 강조하지만, 사회적이거나 정치적인 다양한 주제도 다루고 있다. 록 음악은 1950년대부터 2010년대까지 미국과 서구 세계에서 가장 인기 있는 음악 장르였다.

록 음악의 소리는 전통적으로 전기 기타를 중심으로 하며, 베이스 기타 그리고 드럼과 상징이 포함된 드럼 키스를 사용한다. 피아노나 해먼드 오르간, 신시사이저와 같은 건반악기도 역시 자주 사용한다.

록 밴드는 일반적으로 보컬리스트, 리드 기타리스트, 리듬 기타리스트, 베이시스트, 드럼연주자 등의 역할을 나누어 맡는 둘에서 다섯 정도의 회원으로 구성된다. 이 일반적인 형태는 버디 홀리가 고안해냈고 비틀스가 확립했던 것이다.

어쨌든, 내가 이해하고 있는 록 음악은 '진정한 감정'을 드러내거나 '공동체의 이상'을 자유롭게 표현할 수 있는 '진지한 음악'의 지위를 누려왔다. 록 음악을 특권화 하는 이러한 비평적 흐름은 한국 록을 평가하는 데에도 매개적으로 적용되고 있다.

한국 록의 역사에서 록이 실질적으로 시장을 지배하거나, 주류의 판도를 바꾼 경험이 거의 없으면서도 늘 담론의 영역을 주도했던 것은 대중음악 안에서 록이 가지는 특별한 지위와 무관하지 않다.

최근 아이돌 위주로 돌아가는 주류 대중음악의 판도를 바꾸지는 못했지만, 한국 록이 담당했던 몫은 있다고 할 수 있다. 록 음악은 한국 대중음악사에서 돌출적, 불연속적 계기를 만들면서 주류 대중음악에 대한 문제의식을 끊임없이 환기해왔다.

결과적으로 한국 대중음악의 토양을 풍부하게 일구고 대중음악의 스타일을 다양화하는 데 이바지했다고 할 수 있다. 또한 언더그라운드 클럽 등 다양한 음악적 공간을 발굴하고, 취향의 차이를 만들어냄으로써 문화적 실천을 도출하고 매개하는 통로로 작용하고 있다는 점도 주목할 수 있다.

아마도 밴드 열풍의 이유로 코로나 직후 라이브 공연의 인기 상승과 댄스 장르 일색인 K팝 음원 순위에 대한 싫증을 꼽는다. "코로나 격리 기간 전 세계 10~20대 사이 생생한 현장감이 넘치는 밴드 라이브 공연을 향한 욕구가 커졌으며 "취향에 맞는 음악을 소셜미디어를 통해 수집하는 일명 '디깅(digging · 발굴)' 문화가 활성화된 것도 비주류로 치부되던 밴드 명곡이 발굴될 기회를 높였기 때문이었다.

우리나라는 1980년대 초부터 록 밴드가 유행하면서 젊은이들이 광란의 음악 무대를 형성하였고, 이 여파로 나는 미 8군 등 국내 라이트 클럽에서 주로 활동했다.

특히 1978년부터 미8군 그룹사운드 베이스기타 뮤지션으로 그룹싱어 팝아티스트로 시작하여서 한 평생 재능과 특기가 있는 능력 있는 팔방미인, 화려한 스펙으로 다양한 경험과 노하우가 소유한 맹렬 여성으로, 아니 미 버클리 대학원에서 수학한 실용음악 전공 덕분에 문화예술 업계 팝 가수와 배우 모델로 만능 연예인으로 후회 없이 살았다.

주위에서는 힘 있는 가창력으로 대중을 사로잡았고 파워 있는, 힘 있는 목소리로 무대를 장악했던 일들이 주마등처럼 스친다. 그동안의 경험으로 다양한 일과 사업을 하고 있다. 행사 공연기획자로 문화예술 봉사와 모델패션쇼 가수 공연 등 각종 행사를 기획연출 총괄하고 진행하고 있다.

최근에는 임연희아트아카데미 ㈜아트앤컬트코리아를 설립하여 록 스레쉬 메탈밴드, 모델패션쇼, 페스티벌 록 스레쉬메탈 밴드 '프리싱커'로 활동하고 있으며. 신곡 2곡 EP앨범 '다시시작'과 '스톰러너'(폭풍속의 질주) 음반제작 준비 후 락메탈 스레쉬메탈 밴드 '프리씽커' 방송활동을 준비하고 있다.

지금은 90이 넘은 노부모를 모시고 함께 살고 있다. 주위에서는 60살이나 먹은 노처녀의 효심이 크다며 칭찬을 받는다. 그래서인지 대한노인회에서 주는 효행상도 받았다. 아마도 평소 가수로서 재능기부 봉사활동으로 꾸준히 어려움 소외계층을 돌보았기 때문이었으리라.

요즘은 록 보컬 팀을 조직하고 나아가 국내외 패션모델 등 후진 양성에 매진하면서 내가 가지고 있는 재능을 이익이나 재능 계발에만 몰두하지 않고 사회단체 또는 공공기관 등에 기부하여 사회에 공헌하는 기여를 게을리하지 않는다.

자선 활동은 미래 세대를 위해 더 나은 세상을 만드는 데 중요한 부분이라고 믿는다. 내가 관심을 두고 있는 재능을 지원함으로써 더욱 정의롭고 공평한 사회를 만드는 데 도움이 된다. 또한 다른 사람들이 따를 수 있는 모범을 보이고 있으며, 미래 세대가 주변 세계에 긍정적인 영향을 미칠 수 있도록 영감을 주고 있기 때문이다.

자선 활동은 세상의 선을 위한 강력한 힘이 아닐까. 이는 내가 관심을 두고 있는 재능이라는 대의명분을 지원하고, 다른 사람의 삶에 긍정적인 영향을 미치고, 미래 세대를 위해 더 나은 세상을 만드는 방법이 아닐까 앞으로도 나는 록 가수로 여생을 사회공헌활동을 하면서 살아갈 것이다. 노래로 재능기부를 계속할 것이다. 내 인생 사전에는 은퇴란 없다. 혼을 불태우며 살고 싶다.

건강을 위한 하루 생활

임갑섭 | 전 서울특별시교육위원회 의장, 수필가

　　　　　　　　노후가 계속 이어지는 내 나이, 어떻게든 건강을 현상 유지라도 이어가기 위해 노력을 다하고 있다. 내 건강한 삶을 그런대로 지탱해 가는 방법으로는 첫째부터 끝까지가 규칙적인 생활에 두고 있다.

　규칙적인 생활 즉 하루하루의 모든 생활을 자로 잰 듯 일관성을 갖자는 것이다. 하루의 생활 중 규칙적인 생활의 첫 번째가 세끼 식사하는 것이고, 또한 식사 시간만이 아닌 식사량도 꼭 일정하게 지키려 노력하고 있다.

　나의 아침 식사는 여덟 시 전후이고 점심은 12시 경이며 저녁은 오후 여섯 시 30분경의 시각을 꼭 지키려 노력을 다한다. 또한 매일 열심히 이행하고 있다.

둘째는 자고 일어나는 시각을 꼭 지키고 있다. 현재의 내 건강에 가장 문제점을 들자면 밤에 쉽게 잠들지 못하고 숙면을 못한 점이다.

잠을 잘 자는 방법으로 건강정보에서 제시하고 있는 잠자기 시작과 일어나는 시각을 꼭 지키려 최선을 다한다. 특히 일어나는 시각을 잘 지켜야 한다는 원칙에 매진하고 있다.

밤 10시이면 항상 불을 끄고 잠자리에 든다. 그리고 일어나는 시각은 오전 6시이다. 그러나 기상 시각 지켜 오전 6시에 일어나는 경우는 거의 없다. 일상 5시 경이면 깨어 버린다. 이렇게 일찍 깨어도 가능한 6시까지 잠자리에 누워있으려 노력한다.

또한 하루 30분 이상 햇볕을 쬐어 비타민 D를 몸에 생성시키면 숙면에 도움이 된다고 해, 가능한 햇빛을 받으며, 하루 10,000보 걷기를 꼭 하고 있다. 걷기 자체만도 숙면에 도움이 크다고 한다.

하루의 규칙적인 활동의 셋째는 아침 일어나며 몸풀기 운동이다. 눈을 뜨게 되면 가능한 아침 6시에 잠자리에서 팔과 다리를 위아래로 쭉 뻗어 내리는 기지개를 켠다.

그리고 손가락으로 귓바퀴를 쭉쭉 잡아당기는 일을 100번쯤하고 또 머리를 손가락 끝으로 100번을 두드려 준다. 배 마사지도 한다. 열 손가락을 총동원해 온 배를 시곗바늘 방향으로 꼭 눌러 300번 회전해 준다. 위장의 강화 운동이다.

곧 잠자리를 털고 일어나 밖으로 나온다. 마루로 나와 본격적인 스트레칭을 40분쯤 한다. 스트레칭은 밤새 굳어진 몸을 풀어 주려 체조부터 시작해, 몸의 근육 유지를 위한 팔다리 운동 등을 한다. 또한, 한발 들기 등의 몸 균형 잡기에도 힘쓰고 있다.

　스트레칭을 마친 다음은 목욕탕으로 이동하여 이 닦기에 들어간다. 이와 더불어 혓바닥 닦기도 한다. 밤이면 입안에 세균이 우글우글 발생된다고 해, 세균 제거를 위한 이와 혀 닦기를 열심히 하는 것이다.

　곧 부엌으로 옮겨와 온수 한잔을 마신다. 두 컵 정도는 마시는 것이 좋다고 하나 조금은 과한 것으로 한 잔 정도 마시고 있다. 아침 식전 물은 건강 유지의 첫째라 하고 있다. 매일 아침 물을 꼭꼭 마신다.

　아침 물 마시기를 습관화했더니 물을 마신 다음은 곧 뱃속에서 화장실 가라는 신호가 온다. 화장실로 옮겨가 배설하게 된다. 배속이 시원해진다.

　다음은 사과 하나를 깎아 집사람과 나누어 먹는다. 아침 사과가 보약이라 하고 있으니, 이 역시 철저히 이행한다.

　그리고 아침 식사 준비에 들어간다. 사무실이며 직장에 출퇴근하던 일을 마무리한 후로는 아침 식사는 내가 만들어 집사람과 나눠 먹는다.

　내 아침 식사는 누룽지 죽이다. 누룽지와 오트밀을 냄비에 담아 물과 우유를 반반 섞어 부어 끓인다. 우유 누룽지 죽에 이어 떡이나 감자, 고구마 등을 한 덩이 첨가해 먹는다. 누룽지만으로는 조금 부족할 것 같아 조금 더 먹는 것이다. 그리고 달걀 프라이 하나를 만들어 먹는다. 건강정보에 하루에 달걀 한 개는 단백질원으로 꼭 먹어야 하는 것으로 되어 있다.

　건강을 위해선 아침 식사를 잘해야 한다는 데, 내식의 우유 누룽지 죽인 아침 식사가 부족함이 있지 않을까 걱정이 되기도 한다. 그러나 이미 수년 이어오고 있으나 건강에 별 이상은 없었으니, 그런대로 괜찮지 않을까도 한다.

매일 아침 여섯 시에 일어나 똑같은 과정을 거치는 것으로 나의 하루가 시작되고 있다. 또한 낮 동안도 매일매일을 가능한 규칙적으로 활동하려 노력을 다한다. 점심, 저녁 식사를 시간 지켜 잘 챙겨 먹으며, 하루 1만 보 걷기에도 철저히 이행하고 있다.

최근 들어 전해지는 여러 건강정보를 나름 시행하기도 한다. 혀의 입 안 돌리기를 하라 해, 아침 식전과 세 끼 식사 후 네 번의 이 닦기 전마다 꼭꼭 혀 좌우 각 20회 돌리기를 한다. 그 결과인지 나이가 들어가며, 무엇인가 먹을 때면 음식물이 이따금 기도에 끼어들어 음식 먹다가 캑캑거림이 있었는데 근래는 좋아졌다.

또 전해 듣고 있는 것으로 식초를 마시라 해서 매 식사 후 식초를 희석해 먹었더니 이젠 배 속이 더욱 편해졌다. 거기에 종아리 마사지도 꼭 하고 있다. 종아리가 제2의 심장이라 한다. 따라서 종아리 마사지는 혈액순환에 도움이 크다고 한다.

그리고 치매 예방으로 하루에 100자의 글을 쓰고, 1,000자의 글을 읽자 해 이 역시 시행에 노력하고 있다.

이것저것 전해지는 건강정보를 준수하는 일이 그리 쉽지 않은 일이나 건강 유지를 위해 나름으로 열심히 노력을 다하고 있다. 그 덕인지는 모를 일이나 80이 넘어서 나이가 계속 들어도 건강은 크게 약화 되지는 않고 있다.

동년배의 이웃들을 살피면 이곳저곳 아픈 곳이 있다며 늘 무슨 약인가 먹고 있으나 현재의 나는 혈압이나 혈당이 높지도 않고 모든 것이 정상이다. 따라서 특별히 먹는 약은 없다.

금년 봄 비뇨기과 의원에서 소변이며 혈액, 초음파 등의 전립선 검사를 받았다. 젊은 의사 말씀이 "노인장님, 젊은 저보다 전립선이 깨끗하며 건강합니다."라는 칭찬받기도 했다. 여러 해 동안 전립선 강화를 위해 케겔 운동과 사타구니 마사지를 열심히 해 왔다. 전립선이 그런대로 정상 유지라니 그 영향이 아닌가도 한다.

근래 우리나라 남자 사망의 평균 나이가 83세 정도라 하고 있다. 1942년생인 나는 내년이면 83세가 된다. 앞으로 1년만 살면 우리나라 남자 평균 나이는 산 셈이 되겠다.

현재의 나의 삶에 대한 희망 사항을 말한다면 오래오래 살자는 것은 아니고, 사는 날까지 건강하게 살다 어젯밤 자는 듯이 가면 한다. 가능한 건강 유지를 위한 노력을 계속 이어갈 것이다.

노숙인의 벗이 되고싶다

임호성 | 민족사랑교회 담임목사, 칼럼리스트

희망찬 사람은 그 자신이 희망이다. 참 좋은 사람은 그 자신이 이미 좋은 세상이다. 그러나 사람은 혼자서 살아갈 수 없다. 또한 사람의 생애 주기상 도움을 받아야만 하는 시기가 있고 도움을 줘야만 하는 시기도 있다.

사람마다 능력도 상이한데다, 능력을 판단하는 근거도 주관적 판단을 따를 수밖에 없다. 나눔은 취향이 아니다. 개인 삶의 안정과 전체 사회의 발전을 위해 반드시 지녀야 할 현대인의 필수아이템이다.

지금 나눔이 제대로 이뤄지고 있다고 생각하나 국민이 모두 어떤 형태로든 나눔을 실천하고 있다는 생각이다. 그것이 제대로 이뤄지는지 안 이뤄지는지를, 판단할 수 없다. 다만 좀 더 적극적인 나눔을 실천할 뿐이다.

나눔에 대해서 정부와 기업 그리고 국민에게 당부하고 싶은 말은 지난 시대 생존단계를 이끌어온 가치관이 경제성장과 평이었다면 이제 문화단계의 시대정신 '삶의 질'과 '나눔'이라 할 수 있다.

사회복지는 분배의 정의를 실현하는 것이다. 행정조직인 정부가 분배하지만, 사회복지 인들은 단순 분배가 아닌 적정수준의 재분배에 관심이 있다. 당연히 재분배할 물량도 많아야 하니 애초 분배받는 파이를 키우는 데에도 관심이 크다.

정부는 국민의 종이다. 국민의 행복이 곧 정부의 존립 근거다. 사회복지영역에 분배를 많이 해야 하는 건 당연지사다. 기업 역시 저마다 국민기업임을 자처하는 시대이다. 영업실적 확대를 위한 이미지 만들기를 넘어 순이익 일부를 사회에 환원하는 작업을 하는 것도 연구할 때이다. 기업복지 확대와 노동자 자주 복지에 대한 지원 역시 진정성 있는 사회복지 활동이다.

물론 국민은 정부와 기업에 대한 감시자 역할을 해야 한다. 그러나 사회복지는 민간차원의 역할이 절대적으로 필요하다 그중에는 예나 지금이나 종교의 역할이 행복한 사회를 만드는데 지대한 구실을 하고 있음은 자랑스러운 일이다. '행복한 종교인이 행복한 사회를 만든다'라는 캐치프레이즈로 사회복지서비스 발전을 위해 노력해야 한다.

사회복지와 종교는 각자의 방식으로 개인의 고민과 어려움에 대한 해결책을 제시하고 삶의 의미를 찾는 여정을 함께한다. 사회복지는 현실적인 문제 해결을 위한 도구를 제공하고, 종교는 정신적인 지지와 위로, 영적인 성장을 위한 길을 제시한다.

이 두 가지는 서로 보완적인 것 관계하며, 우리 삶의 다양한 측면을 풍요롭게 만들어준다. 인생의 고민과 좌절 앞에 홀로 힘들어하지 말고, 사회복지와 종교라는 따뜻한 손길을 통해 삶의 의미를 찾고 행복을 향해 나아가는 여정이다.

필자는 어린 시절부터 모든 사람이 행복하고 아름다운 삶을 살아가는 것이 꿈이었다. 그 꿈을 찍는 사진사의 역할이 신앙이라고 보았다. 경향 각지에서 국민복지권을 위해 일하는 종교인의 행복이 현재 직분인 만큼 사명을 다해 일하고 있을 뿐이다.

필자는 소외계층이라는 말을 싫어한다. 그 단어 자체가 누군가에겐 스티그마(stigma)이기 때문이다. 사람은 나누지 않을 때 누구나 소외계층이다. 연말연시, 담벼락과 철문으로 꽁꽁 닫아 놓은 마음부터 가까운 이웃에게 여는 것이 나눔의 시작이다. 나눔은 우리 사회를 더 풍요롭고 가치 있게 만들어주는 것이다

우리나라의 경제 수준은 선진국 수준이라고 하지만, 자본주의 사회에서 나타나는 부익부 빈익빈 현상이 뚜렷하게 나타나고 있다. 또한 급변해가고 있는 사회변화 흐름 속에서 소외계층은 점점 증가하고 있다.

이에 따라 최소한의 물질적인 혜택마저 누리지 못하고 살아가는 수많은 이웃, 심각해지는 양극화 그리고 이들이 느끼는 상대적 박탈감과 소외감은 우리 모두의 책임이라고 생각한다. 모든 사람은 혼자가 아닌 이웃들과 함께 관계 속에서 더불어 살아가고 있다.

나만이 아닌 우리 이웃들과 함께 더불어 살아가는 공동체라는 인식과 나눔이 우리 사회를 더 풍요롭고 가치 있게 만들어주는 것은 누구도

부인할 수 없는 분명한 사실이다. 나누는 삶의 의미와 가치는 더욱 살만한 세상으로 만들어 갈 것이며, 이웃들과 함께 꿈과 희망을 나눌 수 있을 것이다.

요즈음 온 나라가 복지가 화두가 돼 있다. 물론 항상 수많은 경제적, 정치적, 사회적인 요소들의 개입을 떠나 복지만을 논할 수는 없지만, 너무 복지의 의미가 퇴색돼 가고 있는 건 아닌지 모든 사람이 어떠한 상황에 부닥쳐 있더라도 존중돼야 하며, 무시되거나 차별받아서는 안 될 것이며, 바람직한 사회·건강한 사회 실현을 위해서는 그 중심에 복지가 우뚝 서 있어야 한다.

또한 사회의 소외된 계층을 위한 선별적인 복지가 아닌 모든 국민이 복지 서비스받을 수 있도록 보편적 복지가 확대돼야 하는 부분이 우리의 과제라고 생각한다. 하지만 보편적 복지를 실천하면서 조건 없는 정치적인 입장에서가 아니라 사회적으로 더 나은 자원의 배분이 능동적으로 이루어지도록 노력해야 할 것이다.

나눔에 대해서 정부와 기업 그리고 국민에게 당부하고 싶은 말, 정부와 기업 등 사회공헌을 통해 나눔문화가 많이 확산이 되고는 있지만, 우리나라는 지금까지 기업이나 단체에 의존하는 경향이 높고 개인 참여자는 적은 게 현실이다.

정부와 기업에서는 나눔에 보다 많은 사람이 동참할 수 있도록 나눔에 대한 관련 정보나 자연스러운 참여를 할 수 있는 국민의 의식 전환을 위한 활동, 다양한 나눔문화 방법 개발이 이루어져야 할 것이다.

노블레스 오블리주를 실천하고 있긴 하지만 많이 미흡하다. 빌 게이

츠처럼 성공한 기업가들이 우리나라에서도 적극적으로 나눔 활동에 참여할 수 있도록 해야 할 것이다. 많은 사람이 나눔 활동에 참여할 때 비로소 서로 함께 더불어 세상이 될 것이다.

공공과 민간영역에서 많은 부분 소외계층을 위한 다양한 사업들이 전개되고 있으며, 이러한 사업들은 더욱더 활발해지리라 확신한다. 아주 버겁고 힘이 들지라도 혼자 힘들어하지 말고 손을 내밀었으면 하는 바람이며, 꿈과 희망이 함께 하고 있음을 절대 잊지 말았으면 한다.

필자는 목사로서 지금까지 사회복지 현장에서 일하면서 난 과연 어떤 목사였을까? 라는 부질없는 생각을 가끔해 본다. 진정 노숙자들의 처지에서 서서 그들을 위한 복지 서비스를 제공했는지 많은 생각과 함께 앞으로 더욱더 뜨거운 열정을 가지고 나눔과 봉사의 길에 정진하고 싶다.

우리나라에 노숙인이 이렇게 많은지 몰랐다. 온종일 술만 먹고 아무 데서나 누워서 자는 더럽고 냄새나는 사람을 '노숙인'이라고 생각하는 사람들에게 그들은 보이지 않는다. 이른바 '보이지 않는 노숙인'이 늘고 있는 셈이다.

노숙인이 되는 이유는 다양하다. 개인의 책임이라고 생각되는 문제도 있지만 꼭 그렇지 않은 문제도 많다. IMF와 코로나 사태만 봐도 그렇다. IMF 사태가 개인의 책임이었나? 이전에 국가는 노숙의 책임을 개인에게 떠넘겼다. 그러나 최근에는 사회구조적인 모순으로 노숙인의 숫자가 급격하게 증가하자, 노숙 생활의 이유가 반드시 개인의 책임은 아니라는 것이 확인되었다.

누구라도 불안감을 느낄 것이다. 이러한 불안감은 개인의 정신건강을 좀먹는다. 누군가는 술의 힘을 빌려보기도 하고, 누군가는 열심히 살아보려고 다시 무언가에 도전한다. 하지만 신은 공평하지 않다. 도전하는 사람이 아름다운 것은 사실이지만, 도전하는 사람 중에는 실패하는 사람도 반드시 있다.

실패에 대한 책임은 모두 개인이 짊어진다. 사업의 실패는 신용불량 상태로 이어지고, 그 결과 이혼을 하여 가족과 단절된다. 이 과정을 겪으면서 우울증이나 알코올중독이라는 질병이 생기기도 한다. 노숙인은 이 모든 것을 홀로 견뎌내야 했다. 모든 것이 무너진 이들을 위해 사회는 무엇을 준비하고 있을까?

특히 여성은 위험에 노출되기 쉬우므로 웬만해서는 거리로 나오지 않으려고 한다. 여성 거리 노숙인 중 대부분은 정신질환이 있다. 또 한 쪽방 주민의 우울증 유병률은 거리 노숙인보다도 높다.

이는 쪽방에 살다가 다시 거리 노숙으로 돌아올 확률이 그만큼 높다는 걸 의미한다. 몸은 비록 거리에 있지만 마음은 우리와 다르지 않다. 그들에게도 비바람만 간신히 피할 수 있는 공간보다는 '집다운 집'에 살고 싶은 욕구가 있다.

필자는 8년부터 1,200세대가 넘는 쪽방들이 마을을 이룬 서울 용산구 동자동에서 6년째 쪽방에 머물며 노숙인 사역을 하고 있다. 조그마한 민족사랑교회를 운영하면서 서울역 일대 쪽방촌 노숙인과 함께 지내며 섬기는 '쪽방 목사'라는 호칭까지 얻었다.

더불어 건강이 좋지 않은 노숙인들을 위해 보리밥과 귀리밥을 지어 함께 식사한다. 매주 월요일에는 서울역 텐트촌에서 협력 예배를 드리고 평일에는 노숙인의 건강을 확인하고 생필품과 도시락을 나누기 위해 서울역 일대를 순회하는 데 시간 대부분을 쓴다.

그래서 지나가다 잠깐 만나면 '아 저 사람들은 잘못돼서 저렇게 사는 사람들… 우리하고는 관계없어'라고 할 수 있지만 같이 살아보면 그분들 영혼도 더 소중하단 것을 알게 된다.

반추해보니, 모든 목사와 크리스천들이 예수님께서 어려운 상황으로 오셔서 나를 만나준다는 생각으로 임한다면 아름다운 한국교회가 될 것이라는 순수한 사랑으로 노숙인 사역에 뛰어들었다고 할까?

노숙인 사역에 대한 한국교회의 관심을 촉구한다. 특히 경제적으로 어려움이 없는 교회들이 적극적으로 나서 준다면 노숙인 사역의 무게가 줄어들 것이다. 우리 모두 소외된 이웃의 벗이 되었으면 한다.

유별난 공인중개사무소

임종성 | 대전 대별공인중계사 사무소 대표

무릇 사람이 태어나서 그 누구도 피할 수 없는 두 가지가 있다면 첫째는 죽는 것이요, 또 하나는 세금을 내야 하는 일일 것이다, 세금을 내는 것은 요람에서 무덤까지라고 하는 유명한 말도 있거니와 재산이 많은 사람은 죽은 뒤에도 상속받은 자들이 상속세를 내야 하니 어쩌면 죽은 뒤에도 세금을 내야 하는 현상이라고 봐야 할 것이다.

그래서 국방의무, 교육의무, 근로의무와 더불어 국민의 4대 의무 중 하나 아닌가? 만약 어떤 가정에 수입이 없다면 그 가정은 절대로 생활 유지가 안 될 게 뻔하듯 국가 또한 세금을 징수하지 않는다면 이건 아예 말도 안 되는 난센스 아니겠는가?

그렇더라도 국민 처지에서는 될 수 있는 한 세금은 적게 내고 국가로부터 혜택은 많이 받으려 하다 보니 많은 문제가 발생하는 것이라고 본다고 더러는 규정된 법규를 준수해서 성실하게 납세하는 기업이나 단체, 개인도 있어서 매년 3월 3일 납세자의날에 성실납세자로 표창도 받고 기업의 경우는 세무조사를 면제해준다든지 하는 성과급도 있다.

적잖은 납세 대상자들은 탈세해서 문제가 발생하기도 하고 기업경영이나 사생활이 곤란해지고 심하면 돌이킬 수 없는 치명적인 문제에 봉착하기도 하는 동전의 양면 같은 현상이기도 하다.

소득이 있는 곳에는 반드시 세금을 내야 하는 의무가 동반한다, 직장인들이야 규정에 정한 각종 세금을 원천징수를 하다 보니 세칭, 유리 지갑이라고 한다, 내 소득 내용이 나보다 먼저 주는 쪽에서 먼저 알고 있다.

이건 어쩔 도리가 없거니와, 역사적으로도 세금 문제는 항상 국가의 존망이나 통치 권력의 부침으로 작용한 적이 많았고 지방 목민관들도 선정으로 역사에 기록이 남는 일도 있느냐면, 개화기 고부군수 같은 경우는 과도한 세금 명목의 탐욕으로 동학농민운동 전부는 아니지만, 일정부분 실마리를 제공했다고도 볼 수 있다.

프랑스의 유명 중세도시를 가보면 건물의 창문들이 가로 폭은 좁고 세로는 길쭉한 창문으로 돼 있는 건물들을 볼 수 있는데 그 당시 프랑스 정부에서는 창문의 폭을 기준으로 세금을 징수하다 보니 폭은 좁고 길이가 긴 창문이 되었다고 한다.

세금 종류도 가지가지 수 없이 많고, 세율도 천차만별, 공제나 누진 등 적용 대상이나 적용내용도 엄청 많고, 돈하고 직접 관계되는 세제 업무에 종사하시는 분들의 업무가 여간 어려운 것이 아닐 거라고 생각된다.

내가 중개사무소를 운영하는지가 근 20년이 되었는데 우리 업종도

양도소득세하고 직접 연관이 되어있는 직종이다.

　2007년 여름에 한 중년 부인이 내 사무실에 와서 2층 주택을 매도 의뢰해서 매수 희망자와 가격 등 제반 문제의 쌍방 합의가 끝나서 매매 계약서를 작성하고 서명, 도장을 찍으려는 찰나, 이 중년 부인이 "아이고 이제 이 집은 팔렸으니 시골집만 팔면 되겠네"라고 말을 하기에 서명, 날인을 잠시 멈추고 자세히 물어본즉슨, 시골에도 조그마한 집이 한 채 있는데 몇 푼짜리 안 된다고 그러는 것 아닌가?

　그래서 내가 "여사님 그러시면 여사님은 1가구 2주택에 해당하여서 양도소득세를 많이 내셔야 할 것 같네요, 매수할 당시 가격과 지금 매도하는 가격이 차이가 크게 나서 아마 어림 계산해봐도 적어도 3~4천만 원은 양도소득세를 내셔야 할 것 같네요." 했더니, "아이고 그 돈 세금으로 내면 나는 큰일이 나요, 지금 이 돈 다 있어도 쓸데에 조금 부족한데 그러면 집 못 팔아요" 하고 펄쩍 뛰었다.

　"여사님! 그러시면 서명, 날인을 잠시 중단하시고, 내가 관련 서류를 발급해줄 테니 오늘 오후에 세무회계 사무소 한두 곳 들려서 상담하고 내일 오전에 다시 오셔요." 했더니 매수 희망자가 몹시 불만스러운 표정으로 돌아갔다. 마음속으로 이 거래는 성사가 되지 않겠다고 생각했다.

　다음 날 오전에 매도희망자 부인이 음료수를 들고서 사무실에 들어오기에 역시나 하고 짐작했다, 이 여사님이 사무실에 들어오자마자 대뜸, "사장님 아니면 나 큰일 날 뻔했어요, 지금도 가슴이 콩닥콩닥하네요. 세무회계 사무소 2~3곳에 문의해보니 약간의 차이는 있지만 3,800에서 3,900만 원 정도의 양도소득세를 내야 한다고 하네요, 사장님 정말

고맙습니다, 나를 살려 주셨네요" 하고 여러 번 감사에 표시했다.

그래서 내가 매수 희망자에게 양도세 납부 문제로 집을 팔지 못하게 됐다고 전화했더니 대꾸도 없이 전화를 뚝~ 끊기게 그러려니 하고 있는데, 매수 희망자가 헐레벌떡 문을 확~열어젖히며 들어오더니 다짜고짜 "당신은 도대체 뭐 하는 사람이야? 중개사무소 차렸으면 중개나 하면 되지 이 여자가 당신 애인이나 돼요? 중개를 하는 것이 아니라 방해만 하고 남 집도 못 하게 하고, 에이 제기랄 별 더러운 부동산을 다 보겠네" 하며 문을 확~ 열고서 휑~하니 가버렸다.

매도의뢰자 여사님이 미안해하면서 어쩔 줄을 몰라 해서 "여사님~ 괜찮습니다, 오히려 다행이잖아요? 시골에 있는 집은 가격이 얼마 안 되니 시골집을 먼저 팔고 1가구 1주택으로 돼서 양도소득세 면제받을 때 그때 파세요" 했더니, "고마워요, 다음에 집을 팔게 되면 꼭 사장님 사무실에 다시 올게요" 하고 헤어졌다, 그 뒤로 그 여사님을 만나 본 적은 없다.

다~ 그런 거지 뭐~본래 양도세는 매수가격과 매도가격이 차이가 날 때, 기초공제, 장기 보유공제 등 몇 가지 공제와 보유기간에 따른 여러 가지 규정을 거쳐 과세표준액을 산정한 후에 여기에 해당 세율을 적용하는 매우 계산이 복잡한 세금이다, 또 어느 특정 시기에 구매한 주택이나 아파트는 아예 양도소득세가 없는 사례도 있다.

경기가 워낙 안 좋을 때 일시적으로 경기부양을 목적으로 양도소득세를 면제해주는 때가 있었다. 그렇다면 나는 이 건에서 과연 매도 의뢰인에게 세금을 안 내도 되는 방법을 알려줘서 국가에 손해를 끼친 결과인가? 그건 아니라고 본다.

분명히 탈세와 절세는 근본적인 차이가 있다, 탈세는 관련법을 어기는 범법행위이고, 절세는 관련법에서 보호해주는 당연한 권리를 행사하는 것일 뿐이다. 그나저나, 예나 지금이나, 내 사무실은 "에이~제기랄~별 더러운 사무실이 다 있네" 하는 말을 들어도 변명의 여지가 없는 중개사무실이다.

어쩌다가 우여곡절 끝에 중개사무소를 운영하고 있지만, 아무래도 나하고는 적성이 맞지 않는 직종인 것만은 틀림없다, 어쩌겠는가~ 이 또한 내가 태어날 때 타고난 성품대로 사는 거지 뭐~~.

제2부

낮은 곳에 뿌리가 있다

임지룡　제비를 기다린다
임동식　죽음을 생각하니 삶을 보이더라
임승재　자연의 이치대로 산다
임정기　바람직한 사랑의 열매
임청택　나누지 못할 사람은 없다
임채승　아름다운 삶의 모습
임성택　후회하지 않을 유산
임만규　실크로드를 가다
임영호　추억과 이별 여행
임왕택　입하지절(立夏之節)의 소회
임지택　마음의 고향
임수홍　다산 정약용을 만나다

제비를 기다린다

임지룡 | 경북대 석좌명예교수, 문학박사, 수필가

[1]

둥지를 지키던 제비가 9월 16일 강남으로 떠났다. 새끼들이 이소(離巢)해 간 둥지에 저녁마다 어미·아비가 깃들었는데, 보름 전에 새끼들과 함께 둥지 주변을 날아다니다 다 자란 새끼들을 데리고 강남으로 출발했다. 제비 가족이 떠난 빈 둥지가 동그마니 처마 밑을 지키고 있다.

문득 "모란이 지고 말면 그뿐 내 한해는 다 가고 말아 삼백예순날 하냥 섭섭해 우옵내다."라는 시구가 스쳐 지나간다. 모란은 지고 말지만, 제비는 겨울을 나기 위해 월동지 강남으로 가는 것이므로 나는 섭섭해 울 턱이 없다고 마음을 다잡는다. 제비가 떠난 뒤 그 무덥던 올여름이 서늘한 북서풍에 쫓기듯 달아났다. 바람의 조화인 계절 변화를 제비가 먼

저 읽은 것이다.

"16g의 기적"이라는 제비 탐사프로젝트에 따르면, 월동지로 가기 위해 제비들은 일차적으로 제주도에 모인다고 한다. 우리 제비 가족도 제주에서 먼 여정을 시작했을 것이다. 등에 '위치추적 장치'를 달고 강남으로 갔다 돌아온 제비가 그 이동 경로를 정확히 밝혀 준 바 있다.

'제주'에서 '오키나와', '필리핀', '인도네시아'를 거쳐 '호주'로 날아갔다가 북쪽으로 방향을 바꾸어 '필리핀 루손섬'에서 한겨울을 난 뒤, '대만'을 거치고 '중국 남동부 해안'을 따라 이 땅에 돌아온다. 하루 6백km, 총 1만 4천km의 기적 같은 경로가 몇 해 반복 추적한 결과 일정한 패턴을 지니고 있음이 확인되었다. 빈 둥지를 쳐다보면서 제비 가족이 월동지에서 잘 지내다가 봄이 되어 돌아오기를 기다린다.

[2]

4월 1일 내가 사는 팔공산 동쪽 자락 '밝고 따뜻한 뜨락 혜화정(慧和庭)'에 제비가 돌아왔다. 제비가 늦게 돌아오고 개체 수가 줄어든다는 신문 기사를 보면서 마음을 졸였는데, 선발대 한 마리가 다녀간 뒤 닷새 만에 두 쌍이 날아와 "지지배배…" 거리며 뜨락을 날아다닌다. "아! 봄이 왔다." 하며 기지개를 켜 본다.

한 쌍의 제비는 옛 둥지를 보수하지만, 또 다른 쌍은 빈 둥지에 들지 않고 창틀 위에 진흙을 찍어 바르며 새 둥지를 틀기 시작한다. 제비는 남의 집에 들지 않으므로, 2년 동안 제비가 들지 않는 빈 둥지는 새집을 지을 제비를 위하여 허물지 않을 수 없다. 어쩌면 새롭게 집을 짓는 제비는 새 짝을 지어 우리 집에 온 것인지도 모른다. 둥지를 새롭게 트는 쪽은 더 분주하기 마련이다. 진흙으로 기초를 마련하고 그 위에 진흙과 지푸라기를 물고 와 접착력이 강한 침을 섞어 하루 2cm가량 집을 올린다. 이튿날이 되어 쌓은 데가 굳은 뒤 또 그만큼 쌓아 올려 10여 일 만에 둘레 21cm, 높이 16cm의 반 원뿔 둥지를 완성한다.

제비가 아무 데나 둥지를 트는 것은 아니다. 무엇보다도, 머물고 알 낳아 새끼를 치고 기르기에 안전한 곳이어야 한다. 부화할 무렵 둥지에 든 암컷이나 가까이 마련된 쉼터의 수컷은 매우 예민해지는데, 고양이나 뱀 같은 길짐승, 새매나 황조롱이 같은 날짐승이 수시로 둥지를 노리기 때문이다.

또한, 집을 짓고 먹잇감을 구하기 좋은 곳이어야 한다. 진흙과 지푸라기를 구하기 쉽고 자신뿐만 아니라 새끼들의 먹잇감으로 날벌레와 곤충이 넉넉해야 한다. 한 가지 더 꼽자면, 사람이 사는 곳이어야 한다. 제비를 영물(靈物)이라 하는데, 사람이 살지 않는 곳에는 절대로 둥지를 틀지 않는다. 시골에 늘어나는 빈집이나 명망가의 고택이라도 사람이 거주하지 않으면 제비가 얼씬거리지 않는다.

'혜화정'은 탁 트인 남향이며 팔공산 계곡에서 시작된 개울이 서에서 동으로 흘러내린다. 또한, 우리 내외가 제비 친화적이라서 제비가 깃들어 살기에 적합한 곳이다.

둥지를 튼 뒤 암컷은 최소한의 먹이를 취하는 일을 빼고는 보름가량 둥지에 머물면서 알을 낳은 뒤 이레 동안 알을 품고 이삼일 순차적으로 부화시킨다. 드디어 새끼 네 마리가 둥지 밖으로 모습을 드러낸다. 먹잇감을 물고 둥지에 오면 새끼들이 일제히 입을 벌리고 소리를 지르며 야단법석이다.

눈도 뜨지 못한 채 노란 줄무늬의 벌린 입에 먹잇감을 넣어주는 모습은 정겹디 정겹다. 나날이 왕성해지는 식욕의 새끼들을 위해 동틀 때부터 해지기 전까지 2~3분에 한 번씩 수백 차례 먹이를 물어 나른다. 새끼들은 수많은 곤충이나 해충 등을 먹고 이십여 일이 지나면 거의 다 자라게 된다.

성질 급한 한두 녀석이 비좁은 집에서 나와 둥지에 매달리기 시작한다. 점차 봄 햇살이 화사해질 무렵, 어미 제비는 먹잇감을 줄이면서 슬슬 새끼들을 둥지 밖으로 유도한다. 한 녀석이 둥지를 박차고 파닥거리며 쉼터로 날아가 앉자 둘째 셋째가 뒤따른다. 겁먹은 넷째만 남겨 둔 채 어미·아비를 따라 담장 너머 세상으로 날아간다. 걱정할 것 없다. 다음 날이 되면 모두 부모를 따라 야생의 자연에서 날고 먹이를 구하며, 천적을 피해 생존법을 익히다가 저녁이 되어 둥지로 돌아온다. 이런 걸음마 나들이를 대엿새 되풀이하다가 유연히 날아서 제 둥지를 떠난다.

물론, 그 뒤에도 상당 기간 어미·아비는 새끼들의 홀로서기를 지켜보며 도와준다. 새끼들이 나무 위나 갈대숲에 지내는 동안 저녁이 되면 어미·아비는 둥지로 돌아와 그 좌우에서 마주 보며 잠잔다.

옛 둥지를 보수하던 쪽은 새로 집을 지은 쪽보다 진도가 더 빠르다. 이 집에서는 벌써 새끼 네 마리를 쳐서 그 새끼가 이소한 뒤, 두 배째 알을 낳아 새끼를 치기 시작한다. 청포도가 익어갈 무렵에, 혜화정에 깃든 제비 두 쌍이 새끼 열두 마리를 쳐 모두 16마리로 가족이 늘어났다.

[3]

제비가 돌아와 이소하고 월동지로 떠나기까지 우리 내외는 귀한 손님을 맞이하듯 긴장되고 분주하고 들떠 있다. 반갑고 더러 성가시어도 탄성이나 짜증 섞인 소리를 내지 않고, 처마 밑의 전등불도 최소한으로 줄이며 문 여닫는 소리도 삼간다.

쉼터를 손질하고 늘어나는 배설물을 아침저녁으로 치워 청결하게 하며, 천적들이 얼씬거리지 못하게 신경을 곤두세운다. 어쩌다 며칠 집을 비우게 되면 제비 걱정이 앞서다가 집에 돌아와 제비 소리를 들으면 반갑고 마음이 놓인다.

청남색의 몸체, 붉은색 이마와 목, 하얀색의 배를 가진 우리의 손님 "물찬 제비!"가 지지배배 거리며 혜화정의 뜨락을 비행할 때쯤 '제비꽃'이 피어난다. 양지바른 울타리 밑에 보랏빛 앙증스러운 꽃이 얼굴을 내민다. 허리를 낮추고 고개를 숙여야 볼 수 있는 그 꽃을 제비가 돌아올 무렵에 핀다 해서 '제비꽃'이라 부른다.

제비가 제비꽃에게 말했다. / "참 예쁘구나. 네가 꽃 필 무렵이면 우리는 바다를 건너 날아온단다." / 그러자 제비꽃이 제비에게 말했다. / "네가 날아오면 나는 꽃을 피워." (최승호 '제비와 제비꽃')

이처럼 '제비'와 '제비꽃', 그리고 우리 '혜화정 가족'은 생태와 정서 공동체이다. 초등학교에 다니는 손녀는 선생님께 제비가 깃드는 집은 복 받은 곳이라는 말씀을 들었다고 으쓱해하며, 유치원에 다니는 손자는 제비 본 사람으로 손든 자랑을 하여, '제비 가족'의 든든한 구성원이 되었다. 그래서 '혜화정'은 "햇빛 품고 달빛 보듬어 / 비바람마저 깃드는

/ 그윽하고 넉넉한 / 행복과 안식의 숲"(정병선 '가족 - 현경 임지룡 형께 - '에서)
이 된다.

여러 해 동안 제비와 반년을 지내고 제비 기다리는 반년을 통해 제비가 갖는 여러 덕목을 더없이 귀하게 여기게 되었다. 삼월 삼짇날이면 옛 둥지를 찾아온다. 슬기롭게 터를 구하고 짝을 지어 부지런히 둥지를 튼다. 금슬이 지극하며 알 낳아 정성껏 품고 부화시켜 기른다. 그 새끼를 이소시키며 생존법을 체득시킨다. 새끼 떠난 둥지에 밤마다 깃들며, 주기적으로 새끼들과 둥지 주변을 날고, 강남 가기에 앞서 제 태어난 곳을 몸과 마음으로 익힌다.

멀고 험한 강남으로 갔다가 귀소(歸巢)해 온 녀석들은 길눈 어두운 나를 감동케 하며, 돌아옴 그 자체가 '귀한 박씨'이다. 세월이 가도 변하지 않는 게 제비다. 어릴 적 고향 집에서 본 제비 그대로다. 고향 집은 허물어져 터만 남았고, 고향 시골 마을에는 아이들의 시끌벅적하던 소리가 끊긴 지 오래되어서인가 더 이상 제비가 날아오지 않는다고 한다.

혜화정에 봄의 상징 가운데 하나인 제비꽃을 피우기 위해서라도, 나는 제비를 기다린다.

죽음을 생각하니 삶을 보이더라

임동식 | 문학신문 사진부장, 수필가

사람은 한번 태어나서 언젠가는 죽는다. 수백 년을 살 것처럼 살지 말고 오늘이 마지막 날인 것처럼 후회 없는 삶을 살다가자. 얼마 남지 않은 인생 지금 이 시각의 소중함을 알고 오늘을 즐겁게 살아야 한다. 나는 몸과 정신이 건강할 때 죽고 싶다.

하늘은 맑고 나무들은 화려한 색으로 옷을 갈아입는 어느 가을날이었다. 왼쪽 아랫배 쪽이 근육통처럼 아파서 동네 병원에 들렀다. 상황 이야기를 듣고 의사는 초음파검사를 제안했다. 초음파검사 결과는 이상 없었다. 혹시 운동으로 인한 통증일 수도 있다는 의사의 말을 듣고 집으로 왔다.

다음날 일과를 일찍 마치고 집에 오는 길에 침을 맡으러 한의원에 들렀다. 침 맞을 차례를 기다리는데 간호사가 물리치료 먼저 받고 침을 맞으라고 한다. 간호사는 침을 맞을 곳에 물리치료를 하기 위해 패드를 붙이려고 하던 중 너무 아파서 참을 수가 없었다. 너무 아프다 보니 체면을 잊고 간호사에게 아픈 정도의 상황 이야기했다. 침 맞는 것과 물리치료하는 것을 포기하고 집으로 왔다.

집에 도착하여 세수하는 중 통증이 너무나 심했다. 안사람이 약을 사러 간 사이 거실에서 침대를 붙잡고 통증과 싸우고 있었다. 숨을 쉬기가 힘들어, 죽을 때 이렇게 죽나 하는 생각이 들었다. 나 자기 몸 건강에 대해 돌보지 않았던 교만한 생각과 무식한 행동이 병을 키웠다고 생각한다. 약을 사 온 안사람은 아파하는 나를 보고 너무 놀라 119를 부르자고 했다.

왜 이렇게 아픈지 모르니까, 사 온 약은 먹지 않았다. 급한 마음에 택시를 불러 타고 동네 큰 병원으로 갔다. 의사는 수술을 할 수 있는 종합병원으로 가라고 한다. 병원 이송 중에 여러 가지 불길한 생각들이 머리를 맴돈다.

종합병원에 도착해서 여러 가지 정밀검사를 받았다. 정밀검사를 마친 후에 안정하고 편히 쉬라며 다른 말 없이 의사는 갔다. 눈을 감고 이런저런 생각을 하고 있는데 젊은 의사가 오더니, 안사람을 살며시 불러 어디론가 간다.

나는 생각했다. 환자 앞에서 할 수 없는 이야기인가 보다. 라고 생각하니, "이제 나의 삶도 끝인가?" 하는 생각이 들었다. 죽음에 대해 지금까지 느끼지 못했던 불안감이 엄습해 왔다. 살아오는 동안 음과 양의 많은 생각들이 눈시울을 적시게 했다.

죽음을 받아들이자, 남은 시간은 어떻게 살까.? 내가 살아온 삶의 모든 일을 생각하면, 헛되고 헛된 일에 시간을 보냈으니 앞으로 남은 삶은 후회 없이 살다, 죽자. 하고 생각하니, 죽음이라는 공포가 더는 무섭지만은 않았다.

소똥 밭에 굴러도 이승이 저승보다 낫다, 하는 옛말이 생각났다. 안 되는 일에 욕심부리는 것은 지금까지 살아오면서 욕심부렸던 것으로 마무리 짓고, 지금 이 시각부터 순리에 순응하며 남은 인생 편안한 삶으로 마무리하자. 안사람이 의사와 면담하기 위해 내 곁을 떠난 20분 정도의 짧은 시간이었지만 나의 남은 삶의 방향을 결정했다.

그런데 안사람이 편안한 얼굴로 걸어온다. 내가 물었다. 맹장이 터진 게 너무 오래돼서 수술을 바로 할 수 없다고 한다. 15 일정도 금식하며 복강에 생긴 염증을 치료한 뒤 수술한다고 했다. 아무리 아프고 힘든 치료라 해도, 나는 죽을병이 아니라니 "감사합니다" 나도 모르게 고개를 숙이고 기도했다.

길게만 느껴지던 20분의 시간이 나에게 너무나 많은 생각을 하게 했다. 지금까지 나를 지탱해주는 안사람과 나에게 기쁨을 안겨 주었던 소중한 아들들에게 마음속에만 담아두었던 사랑과 미안함과 고마움이 새로운 생각을 하게 했다.

죽는다는 걸 잊지 마라. 나는 힘든 일이 있을 때나 아주 좋은 일이 있을 때 메멘토 모리(Memento mori 죽음을 잊지 마라. 라틴어)라는 글 뜻을 생각하며 위로받기도 하고 마음을 다스리기도 하며 안정을 찾았다.

막상 죽음이라는 현실을 직면하고 나의 죽음을 생각하니 죽음이란 이별하고 틀리다. 죽는다는 것은 사랑하는 사람들을 영영 만나지도 못하고 만날 기대조차 영영 할 수 없는 것이다. "죽은 사람이 뭘 알아", 하며 죽음과 나를 합리화를 해보지만 너무나 허무하고 또한 슬픈 일이다. 나도 모르게 눈물이 흐른다. 안사람이 볼까 봐 얼른 눈물을 닦고 시치미를 떼고 다시 눈을 감았다.

지나온 세월의 모든 일이 후회스럽고 아쉽게 생각되는 일들이 너무나 많다. 안사람에게 너무나 작은 일에 화냈던 일, 나에게 모든 일을 헌신적으로 보살펴주었던 일들에 감사하다고 표현 한 번 못했던 일들이 마음 아팠다.

죽음에 대해 생각하다 보니 나에게는 남은 삶의 시간이 너무나 소중하고 귀하게 생각된다. 병원에서 치료받다 죽는 것은 아니다. 아픈 몸일지라도 걸을 수 있고, 말할 수 있고, 좋아하는 일을 할 수 있다면 얼마나 행복한 일인가.

치매가 아니라면 자연과 함께 숨을 쉬다 눈을 감기로 마음먹었다. 20분 정도의 짧은 죽음 앞에서의 삶의 정리가 지금의 나를 알 기회가 되어 멋지고 행복한 삶을 설계할 수 있었다.

우리는 언젠가는 죽는다. 오늘을 즐겨라. 즐기는 방법을 찾아보자. 욕심, 교만, 미워하는 마음, 내려놓고. 사랑하는 마음으로 세상을 바라보면 세상이 아름답게 보이겠지. 세상을 아름답게 바라보며 늘 긍정의 마음으로 살면 내가 꿈꾸는 미래의 삶도 여유롭고 아름답지 않을까.

지금 이 시각이 소중한 만큼 지난 시간에 매이지 말고 미래에 집착하지 말고 가슴으로 느끼는 대로 행동하자. 오늘이 인생에서 가장 젊은 시간이다. 이 시간을 즐기며 오늘의 행복한 삶을 위해 열심히 살기로 했다.

자연의 이치대로 산다

임승재 | 전 보해양조 상무이사

　초겨울 날 나비가 마지막 남은 꽃 한 송이 위에서 혼자 꿀을 낚는다. 친구도 없이 저 혼자 남은 꽃을 따라 힘차게 날갯짓한다. 마치 아무 걱정도 없다는 듯이 흘러가는 세월을 보내고 있다. 그리고 또 한편에서는 꽃들이 부드럽게 피었다가 여기저기서 떨어지고 있다. 이런 모습들이 80대인 나에게는 생존의 강렬한 상징으로 다가온다.
　정원의 꽃들이 병들어 시들고 생명을 다하는 모습이 내 잘못처럼 여겨진다. 하루 동안에도 즐겁고 슬프고 아프게 지나간다. 게다가 내 친구들이 하나둘씩 세상을 떠나고 있다. 고대 그리스의 철학자 아리스토텔레스(Aristoteles, BC 384~322)는 오랜 친구들의 죽음은 인간이 직면해야 할 가장 힘든 일 중의 하나라고 했다.
　요새는 부질없이 산다. 해가 뜰 때가 있고 비가 오는 때가 있듯이, 뜻대로 될 때가 있고 뜻대로 되지 않을 때도 있는 것이다. 그것이 자연 즉 스스로 그러함이다. 그런 자연에 일희일비하는 것은 자연에 거스르는 어리석음이다. 어찌할 수 없는 자연을 있는 그대로 받아들이고 밝게 대처함이 자연을 따라 행복해지는 길이다.

늘 변하나 인과의 법칙을 따르는 것이 자연 즉 스스로 그러함이다. 하지만 원인이 되는 변수가 너무 많아 결과는 예측하기 힘들어 인간은 인간의 일을 다 하고 천명을 기다려야 한다는 의 진인사대천명(盡人事待天命)의 진리가 있는 것이다.

진인사대천명이란 성어는 '큰일을 앞두고 사람이 할 수 있는 일을 다 한 후에 하늘에 결과를 맡기고 기다린다'라는 뜻으로 사용된다. 이것은 노력과 인내, 그리고 운명에 대한 존중과 신뢰가 함께 어우러진 말이다. 어떤 상황에서든지 우리가 할 수 있는 일을 최선으로 다한 다음, 그 결과는 더 큰 힘에 맡기는 것이 중요하다는 것을 의미한다.

우리는 노력으로 모든 것을 완성할 수 없다는 것을 알고 있다. 때로는 변수가 너무 많고, 완벽한 통제는 불가능하죠. 그럴 때 진인사대천명의 마음가짐이 필요하다. 이러한 접근 방식은 상황에 따라 적절한 대응과 냉철한 판단 능력을 키우며, 결국은 더 나은 결과를 가져다줄 것이다.

이런 마음가짐은 높은 수준의 냉정함과 지혜가 요구됩니다. 어떤 상황에서도 당황하지 않고, 자신이 할 수 있는 일을 제대로 해낸 다음, 그 후의 일은 운명에 맡기는 것이다. 이러한 태도는 자주 스트레스나 불안을 줄여주며, 개인이나 팀이 더욱 명확하고 효율적으로 일을 수행할 수 있게 한다.

진인사대천명은 중국 삼국 시대의 가장 뛰어난 군사 전략가이자 정치가인 삼국지에서 제갈량(181~234년)이 한 말에서 전해져 왔고, 그 의미는 다양한 문화와 상황에서도 유용하게 적용될 수 있다. 이런 접근 방식은 자기 자신과 다른 이들에게 신뢰와 안정감을 줄 수 있으며, 여러 상황에서 발생할 수 있는 불확실성을 견디게 해 준다.

어쨌든, 진인사대천명은 우리가 대처해야 할 다양한 상황과 문제에서 중요한 지침을 제공하는 성어임이 틀림없다.

우리 인간은 태양계의 영향을 많이 받으며 그중에서도 태양과 달의 영향을 가장 많이 받는다는 것은 이미 알고 있는 사실이다. 태양은 양이고 달은 음이며 땅은 음이고 하늘은 양이지만 땅 중에서도 음의 기운이 더 강한 곳이 있고 양의 기운이 더 강한 그곳이 있다.

뜻대로 된다고 해서 반드시 좋은 것도 뜻대로 되지 않는다고 해서 반드시 나쁜 것이 아니다. 모든 것은 자연 즉 스스로 그러할 뿐 좋고 나쁨이 없기 때문이다. 허니 결과 또한 좋고 나쁨이 없으니, 과정을 즐기는 것만큼 좋은 그것이 없다.

자연을 따른다고 함은 미래와 과거를 잊고 지금 여기를 즐긴다는 것이다. 지금 여기에 몰입하고 즐기니, 인과의 법칙을 따라 원하는 결과가 나올 확률이 높아지는 것이다.

인간도 마찬가지로 양의 기운이 강한 사람이 있고 음의 기운이 강한 사람이 있다 이처럼 인간은 한쪽이 더 강하고 한 쪽이 약하게 태어난다. 그래서 모든 인간이 순서대로 같은 병에 걸리는 그것이 아니다.

그 사람이 살아 온 삶에 따라, 습관에 따라, 부모에게서 유전된 것에

따라 병이 달리 나타나기도 하지만 음양의 조화가 어떻게 몸에 기록되어 있는지에 따라 다르기도 하다

그러나 그렇다고 해서 모든 사람이 병에 걸리지는 않는다고 물론 전혀 아프지 않고 늙는 사람은 거의 없어서 전국에서 손꼽을 정도 다하지만 크기 불편 없이 노년을 지내는 사람을 보면 보통 사람들과 분명히 다른 점이 있다. 바로 욕심이 없다는 것이 다 또 하나 조바심을 내지 않는다고 이것을 확장해서 말한다면 지금의 삶이 전부가 아님을 알고 있다는 것이다. 이것이 자연의 이치에 맞는 방식이다.

공을 수련하지 않아도 자연의 이치대로 살고 또 우주 대자연과 통하여 몸이 열려 있으면 공을 수련하는 것처럼 기운과 빛이 이치대로 몸에서 돌아다닌다 그 빛과 기운이 그 사람을 건강하게 해주기 때문에 크게 아플 일이 없다

자연의 이치대로 산다는 것은 흔히 말하는 물처럼 바람처럼 산다고 표현하는 것처럼 애매한 그것이 아니다. 몸으로 증명되는 것이다. 또 자연의 이치대로 살면 자기 몸 안에 빛이 들락거리기도 하지만 자연의 이치에 맞는 말을 하면 이 빛과 기운이 몸을 돌면서 주위 사람들에게도 그만큼 빛이 나가서 주위 사람들도 함께 몸이 열리고 건강이 좋아진다.

이처럼 자연의 이치대로 살면 나를 비롯하여 주위 사람들에게도 자신도 모르는 사이에 함께 좋아지는 것이다. 이것이 또한 자연의 이치다. 이제라도 남은 인생 말년을 자연의 이치대로 살고 싶다.

바람직한 사랑의 열매

임정기 | 나주임씨중앙화수회 부회장

　　　　　　　　인간은 다른 사람들과의 관계 속에서 살아가는 만큼 바람직한 인간관계가 중요할 수밖에 없다. 그런데 바람직한 인간관계가 중요한 이유를 자세히 알아야 한다. 자신이 바람직한 인간관계를 어떻게 생각하는지도 중요하다. 그리고 바람직한 인간관계를 맺고 유지하는 방법을 찾아야 한다. 그런데 바람직한 인간관계 주제로 이야기하면 사람마다 견해가 다르다.

　설령 절해고도에서 살고 있다 하더라도 그의 의식주 모든 형태가 사회 속의 직간접적 생산이며 따라서 역사와 문화와 사회에서 단절된 인간의 생활이란 생각할 수 없다. 자기 자신의 출생조차도 부모와 인간관계를 통한 것이며 부부관계로써 혈연이나 지연이 맺어지기 때문에 이 모든 것은 곧 사회의 일환임이 아닌가.

나는 그 사회로부터 여러 형태의 영향을 받고 또 영향을 끼치며 살아왔다. 또한 타인과 더불어 대인관계나 사회관계를 맺으며 그 속에서 일정한 조직과 질서·윤리를 지키면서 살아왔고 서로의 역할을 분담하며 살고 있다.

인간이 가장 인간다울 때는 스스로 생각하고 고민하면서 어떤 가치와 의미를 찾으려 할 때라고 흔히 말한다. 즉 밖으로는 타인과 더불어 원만하게 살아가야 하고 안으로는 자신의 가치와 의미를 추구하고 더욱 풍요로운 내면세계를 실현하게 하기 위한 노력을 하면서 자신을 생각하고 사회를 생각하고 역사를 생각하는 것이다.

나는 늘 이런 생각에 골몰하고 있다. 현대사회 속에서 함께 생각하며 남과 더불어 생활해 나가기 위해서는 바람직한 대인관계를 어떻게 설정해 나가느냐에 대한 것이다.

사람을 한자어로 인간「사람과의 사이」라는 의미로 표시하는 데에는 그럴듯한 뜻이 있다. 사람은 사람 사이에서 태어나고 사람 사이에서 생활을 영위해 나가면서, 타인과의 관계를 맺고 있는 인간 관계적 존재이다. 그러기에 '너'와 '나'의 관계를 기본으로 하여 '우리'라는 개념으로 대인관계를 널리 확장해 나간다. '나'는 항시 '너'가 없으면 외롭고 쓸쓸해서 살아나갈 수가 없는 것이다.

그래서 우리는 사회나 직장 내에서 여러 사람을 상대로 상하, 동년배 등과 인간관계를 맺고 살아가고 있다. 인간관계의 성공이야말로 가치 있는 삶을 영위하는 데에 있어 가장 중요한 과제가 됨은 두말한 나위가 없다. 따라서 불가분의 인간관계 형태 여하에 따라 능률이 향상될 수도 있고 바라던 목표가 성공할 수도 있고, 나 자신이 즐거울 수도 있으며 반대로 괴로울 수도 있는 것이다.

얕은 물에는 큰 고기가 없고 낮은 산에는 큰 짐승이 없는 것과 같이 사람의 마음이 너무 편협하면 따르는 사람이 적다. 항상 넓은 도량과 높은 품격으로 대인관계를 개선해 나가는 것이 오늘을 사는 우리에게 중요한 과제임을 깊이 인식해야 한다.

좋은 인간관계는 어진 마음에서 싹트는 것이다. 즉 어진 마음은 근본적으로 두 사람 또는 그 이상의 사람들이 모여 사는 곳에 반드시 존재해야 할 윤리 규범이다.

또 사랑의 정신이 첨가된다, 사랑은 모든 인간관계를 아름답게 한다. 사랑은 곧 서로 아끼는 마음이다. 그래서 예수는 "네 이웃을 네 몸과 같이 사랑하라"라고 가르침으로써 사랑이 모든 인간관계의 기본을 이루고 있음을 시사하고 있다. 사랑에는 결코 거짓이 없고 악이 없으며 오직 진실과 아름다움이 있을 뿐이라는 말이다.

사해(死海)는 곧 죽은 바다라는 뜻이다. 사해 주변은 요단강 쪽만을 제외하고는 모두 육지로 둘러싸여 물이 빠질 곳이 없으나, 수증기 증발현상으로 인해 흘러들어오는 물이 넘치지는 않는 곳이다.

현상은 어제, 오늘 생긴 것이 아니라 수천 년 수만 년 전부터 있는 일일 것이며, 결국, 사해는 염분만이 쌓여 소금 바다를 이루고 있는 동시에 물고기는 물론 생물체라고는 살 수가 없게 되어 버렸다. 이는 자연이 우리에게 보여주는 생생한 교훈이니, 받기만 하고 베풀지 않을 경우의 귀결은 곧 죽음뿐이라는 말이다.

성공할 수 있는 길은 우선 주도록 노력하는 길이다. 줄 수 있는 것에는 유형적인 것과 무형적인 것으로 구분할 수 있는데, 그중 봉사·친절·성실·근면·순종 등은 무형적 재산에 속한다.

자기 삶이나 일에 대하여 자부심과 함께 그 분야에서 최고가 되겠다는 의지로 피땀 어린 노력을 다하려는 정신이 중요하다. 「이것이 아니면 저것」이라는 사고방식은 성공과는 먼 거리에 있는 것이며, 오로지 내가 하는 일에 내가 찾고 있는 삶의 추구에 전심전력해 나가야 할 것이다.

어느 사람에게 있어서나 존경받고 싶을 때는 존경받을 만한 일을 해야 하며 인정받고 싶을 때는 인정받을 만한 일을 해야 한다. 자기는 노력도 하지 않고 남이 존경해 주기를 바라는 것은 분명히 잘못된 생각이다. 그래서 문필가도 좋은 글을 써야만 작가로서의 대접받을 수 있다.

그러므로 개인이든 조직이든 어떤 일이 뜻대로 안 될 때도 남을 탓하기 전에 우선 자신부터 반성해 보는 정신이 중요하다. 잘된 것은 내 탓이고 잘못된 것은 남의 탓으로 돌리는 사람이 우리 주위엔 너무나 많다. 좋은 관계를 맺고 지속하기 위해서는 상대를 존중하는 마음이 필요하다. 아무리 가까운 사이라도 서로를 존중하지 않고 함부로 대한다면 상대의 자존심을 상하게 할 수 있기 때문이다.

또한 상대가 우리와 다르다는 것을 인정하고 상대를 이해하려는 노력 역시 바람직한 인간관계를 형성하고 유지하는 데 도움을 준다. 사람이다 보니 때로는 갈등과 오해가 발생하는 예도 있을 것이다.

그러면 상대의 처지에서 상대를 이해하려고 노력한다면 갈등과 오해를 방지할 수 있을 것으로 생각한다. 갈등과 오해가 발생하더라도 그 위기를 슬기롭게 헤쳐 나가서 바람직한 인간관계를 유지할 수 있기 때문이다.

바람직한 인간관계를 위해서는 자기 이해와 타인에 대한 긍정적인 관점이 필요하다. 자기 이해를 통해 개인은 자신의 감정, 강점, 약점을 명확히 인식하고, 자신의 행동을 조절할 수 있다. 타인에 대한 긍정적인 관점은 공감, 존중, 배려를 통해 형성되며, 이는 상호 신뢰와 협력을 증진시킨다.

어쨌든, 우리는 바람직한 인간관계를 통하여 서로 사랑하고 존경하며 아끼고 협력하는 풍토를 조성하여 새 시대, 새 사회의 역군으로서 정신적으로 아름답고 물질적으로 풍요하여 살기 좋고, 인간적으로 보람 있는 평화스러운 사회를 이루는 빛과 소금이 되어야 한다.

나누지 못할 사람은 없다

임청택 | 전 중부대학교 총장, 정치학박사

나눔은 인간의 가장 아름다운 덕목 중 하나다. 미국 작가 로이 베넷(Roy T Bennett)의 명언인 "다른 사람들에게 나눔을 베풀면 우리의 삶은 더욱 풍요로워진다."라는 나눔의 가치를 강조하며, 우리의 삶에 어떤 풍요로움을 가져다주는지 명확히 보여주고 있다.

나눔은 우리와 주변 사람들의 연결고리를 강화하며, 이는 긍정적인 영향을 우리에게도 끼치는 것이다. 나눔의 중요성은 단순한 선물이나 도움뿐만 아니라, 더욱 깊은 사회적 의미가 있다. 나눔을 실천함으로써 우리는 자신의 가치를 확인하고 타인과의 연결을 강화한다.

이에 따라 우리의 내면이 더욱 풍요로워짐은 물론, 사회적으로도 긍정적인 영향을 미친다. 나눔을 통해 만들어진 연대와 상호의존성은 우리의 삶을 풍성하게 만들어주는 주요 요소 중 하나다.

요새 정치적, 사회적 불안이 가중되면서 '가까운 이웃에게 마음을 여는 것', '우리 사회를 더 풍요롭고 가치 있게 만들어주는 것', '모두가 더불어 잘 살기 위한 생활', '공동의 행복 투자' 나눔을 표현하는 말들이다. 지금 우리 사회는 '나눔'이 화두다.

정치계는 물론 사회 전반적으로 '복지'가 주요 쟁점으로 떠오르면서 나눔이라는 단어가 키워드로 작용하고 있다. 하지만 일각에서는 복지와 나눔의 남발로 국민은 이들 단어에 피로감마저 느끼고 있다고 지적하고 있다.

즉, 실천 없는 공약(空約)의 남발을 비꼬는 것이다. 하지만 나눔은 더불어 사는 공동체에서 자신에게 투자하는 행복이다. 희망을 얘기하던 2024년이 저물고 있다. 연말이면 외로움과 추위를 더욱 느끼는 이웃에게 필요한 것은 '나눔'이다. 따뜻한 연말을 나기 위한 나눔의 의미를 되새겨본다.

나눔이란 단지 어려운 이를 위해 가진 것을 나누는 시혜적 행위가 아니다. 우리 사회의 행복을 위해 사회문제에 관심을 가지고 함께 해결하기 위한 공동의 행복 투자이다. 공동의 행복 투자는 우리 사회를 성숙한 사회로 이끌어 갈 수 있고, 자신을 스스로 성장시키며 행복을 선물한다.

유한한 지구공동체에서 더불어 살아가는 인류공동체 삶 속에서는 결국 타인과 세상에 관한 관심과 배려, 나눔과 협력의 지혜가 행복한 삶의 필수 요소가 된다. 모두가 더불어 행복할 수 있는 삶이 복지이듯 나눔은 복지사회를 만들기 위한 소중한 실천이다.

오늘날 나눔은 시혜적 행위와 시혜적 의미를 뛰어넘는다. 나눔의 가치를 발견하고 자신에게 돌아오는 행복을 맛본 이들도 늘어나고 있다.

이제야 우리 사회에 나눔의 싹을 피우는 시기가 아닐까 싶다. 동정에서, 의무에서 시작되었던 나눔은 이제 '행복으로 되돌아온다'라고 외칠 수 있을 정도로 우리 사회의 나눔에 대한 인식은 성숙해졌다.

생각해 본다. 미래 사회에 경쟁력이 되는 나눔을 어린 시절부터 접하고 생활화할 수 있도록 다양한 연령층으로의 저변확대를 위한 노력과 금전이 아닌 다양한 방법으로 나눔을 실천할 수 있는 환경을 마련하는 일이 수반된다면 기분 좋은 나눔 사회, 지금부터 열어갈 수 있지 않을까?

우리나라의 근대 이전의 사회복지, 근대 이후의 사회복지를 살펴보더라도 우리 민족은 '환과고독노병(鰥寡孤獨老病:홀아비, 과부, 고아, 늙어서 자식 없는 사람, 늙어서 병든 이 등)'을 가진 사회적 약자들에게 깊은 사랑과 나눔과 배려를 역사적으로 실천해 온 자랑스러운 민족이다.

이러한 사회복지 실천 활동들을 나눔으로 명명하고 있는데, 이 모든 것의 집약된 함의 있는 용어 선택이라고 본다. 결국은 가진 자는 물론이고, 조금이라도 십시일반으로 어려운 이웃들에게 나눌 수 있는 상황에 있는 사람들이라면 나눔 실천을 통해 베푸는 삶을 산다면 그 자체가 나누는 사람들에게는 더욱더 큰 보람으로 피드백될 것이라고 본다.

제대로 된 나눔 실천 방법 나눔이 제대로 자리를 잡으려면 십시일반의 풀뿌리 나눔 실천의 총량 확대에 더욱더 모금기관들은 상호협력하며 진력해야 할 것입니다. 모금회, 협의회의 사회복지 인프라를 적극적으로 활용해야 한다.

오늘날은 국경 없는 나눔 시대다. 머지않아 나눔이 있는 곳과 없는 곳으로 구분되는 나눔 영토만이 존재할 것이다. 유한한 지구 보금자리에서 인류가 모두 행복하게 공존하기 위한 제일 나은 선택, 그것은 바로 나눔의 지혜이다. 나눔에 대해서 정부와 기업 그리고 국민에게 당부하고 싶은 말 나눔은 동정과 의무가 아닌 나와 타인을 위한 공동의 행복 투자다.

소외계층에게 희망의 메시지 우리는 혼자가 아니다. 사회 속에서, 지구 보금자리에서 우리는 함께 살아가고 있다. 지금 어려움이 있지만 희망을 잃지 않고 용기를 가진다면 조금씩 더 나아지는 삶의 행복을 반드시 찾게 될 것입니다. 보이지 않는 손들이 얽혀있는 지구공동체에는 모두가 행복한 삶을 살 수 있도록 고민하며 날마다 조금씩 행복에 가까워지고 있기 때문입니다.

나눔은 배려다. 나눔은 인간 본성의 근본적인 부분이다. 나눔의 행위는 연결감과 공동체 감을 만들어낸다. 나눔은 기쁨과 행복을 전파하는 방법입니다. 우리가 더 많이 나누면 나눌수록 더 많은 것을 주어야 한다.

나눔은 우리가 신뢰를 쌓고 관계를 돈독히 하는 데 도움을 줄 수 있다. 나눔의 행위는 사랑과 친절을 보여주는 강력한 방법이 될 수 있다. 나눔은 우리가 더 성취감과 목적의식을 느끼도록 도울 수 있다. 나눔의 즐거움은 주는 사람과 받는 사람 모두에게 이익이 된다는 것이다.

나눔 문화가 다양한 형태로 한국 사회 깊이 들어오고 있다. '나누지 못할 사람은 없다'라는 말이 일상의 용어처럼 편하게 느껴질 날이 다가오고 있어야 한다. 기부는 더 이상 어려운 일이 아니다. 이웃돕기 나눔과 봉사활동이 우리 사회의 어려운 이웃들을 행복하게 만들어 줄 수 있다. '고통은 나누면 나눌수록 작아지고, 기쁨은 나누면 나눌수록 커진다'라는 얘기를 상기해야 한다.

아름다운 삶의 모습

임채승 | 원광대학교 경영학과 교수, 경영학 박사

　　나는 살아가면서 '왜 살지?'라는 회의적 의문을 가진 사람보다는 '어떻게 살아가야 하지?'라는 실천적 의문을 가지고 살아가는 사람을 더 좋아합니다.

　그 이유는 전자가 매사를 소극적이고 부정적으로 생각하여 삶의 의지가 투철하지 못한 사람이라면, 후자는 항상 탐구하고 노력하면서 오늘보다는 내일을 더욱 소중하게 여기는 미래지향적인 실천 의지가 강한 사람이기 때문입니다.

　'인생은 자아실현을 위한 분투 노력의 과정이요, 가치 창조를 위한 각고면려의 도장(道場)이다.'라고 설파한 어느 학자의 말에 나는 큰 공감을 합니다.

　한 인간으로 태어나 한평생을 살아가면서 무위도식하고, 인생의 꿈

과 목표도 없이 생명만 유지해 가는 삶을 생각해보면 처량한 생각이 듭니다.

의도적이든 우연적이든 '나'라는 생명체가 이 세상에 존재한다는 사실 자체에 우리는 의미를 두어야 할 것입니다. 내가 없는 이 세상, 의미도 가치도 없는 것입니다. 이기적인 생각일지는 몰라도 나'라는 생명체가 없다면 주변의 인연들과 무슨 관계가 있겠습니까?

이 세상에서 '나'라는 존재는 둘도 없는 소중한 존재입니다. 그러므로 '나'라는 존재는 이 세상에서 가장 소중하고 값지고 보배로우며 아끼고 성장 발전시켜야 할 대상인 것입니다.

그런데 주변을 살펴보면 이 소중한 대사인 '나'를 학대하고 홀대하며 아끼지 않고 내쳐버리는 사람들이 너무나도 많습니다. 내가 '나'를 소중하고 보배롭게 생각하지 않는다면 누가 '나'를 사랑해 주겠습니까? 형제가, 부모가, 일가친척들이 '나' 대신 살아 줄 수 있을까요?

결국 내가 '나'를 사랑할 때 인생의 존재가치가 있는 것이지, '나'에 대해 무관심하고 미워한다면 그 결과는 뻔한 일이 아니겠습니까? 그러므로 인생은 '나'를 중심으로 한평생을 전개하면서, 타인과의 인간관계를 맺고 사회의 한 구성원이 되어 '나'를 사랑하고 이웃에 봉사하며, 전체에 이바지하면서 그 속에서 삶의 가치도 찾고 보람도 찾는 과정이라 생각합니다.

생명을 두 개 이상 가진 사람은 아무도 없습니다. 즉 유일성의 생명이요, 일회성의 인생입니다. 또한 타인이 내 인생을 살아줄 수도 없고, 내가 남의 인생도 살아 줄 수 없습니다.

오직 나의 인생을 나의 계획과 나의 판단과 나의 의지에 따라 내가 선택하고 내가 결정해서 그 결과까지 책임져야 하는 것이 인생이라 할 수 있습니다. 결국 인생은 쓰러지는 그 날까지 연속성, 지속성을 갖고 끊임없이 추구하며 살아가는 것이 아닌가 생각합니다.

그런데 삶을 살아가면서 많은 것을 느끼지만 그중에서 삶의 목표에 접근하는 제일 중요한 요소는 바로 배움이라 생각합니다. 하루하루를 살아가면서 느끼고 체험하는 생활교육, 개인 개인이 취미 삼아 배우는 평생교육, 평생의 직업으로 삼는 전문 교육 등을 모두 합해보면 인생 학이 되는 것이지요.

두루두루, 요소요소의 다양한 지식이 머릿속에서 기억되고 저장되면, 그 속에서 응용과 융통이 되어 지혜의 샘이 생깁니다. 그 샘물이 생활 속으로 스며들면 올바른 판단력과 이성으로 작용하고 결국은 한 개인에 대한 인격의 성숙을 가져오게 하는 것입니다.

중요한 것은 이러한 배움은 일시적으로 국한되는 것이 아니라 평생을 두고 배워야 한다는 것 입니다. 평생을 두고 배우다 보면 수많은 지식이 나의 저장 창고인 머리에 수록되어 삶을 영위하는 과정에서 유익하게 사용되는 것입니다.

물론 많이 배우고 저장 창고에 수 없는 지식이 보관된다 해도 그것을 끄집어 사용하고 활용하려는 개인 의지가 없으면 보관 그 자체에 머물러 무용지물이 될 수도 있습니다.

학즉행(學卽行), 즉 배운 지식을 지혜롭게 쓸 줄 알아야 배운 가치가 나오는 법입니다. 배운 바를 실천에 옮기고 삶에 적용해 아름다운 결과를 맺게 하는 것이 배움의 의미라 생각합니다.
   내가 배움이 없는 사람을 배울 수 있도록 배려하고, 남이 가르칠 줄 모르면 잘 가르치는 사람으로 변화시킬 때 그 배움의 가치가 더 높아질 것입니다.

후회하지 않을 유산

임성택 | 여주 성안건축 대표

나는 충남 당진군 석문면 교로리 704번지에서 태어났다. 나주임씨 30세손이다. 농촌에서는 재산목록 1호가 농우와 전답이었다. 어린 시절 우리 집은 남들보다는 좀 잘사는 편이었다. 나는 태어나서는 증조모 손에서 귀하게 자라났다.

사춘기 시절 집안에 우환이 생겨 가세가 기울었다. 아버지는 인정이 많았다. 누구의 청탁을 받으면 거절을 잘하지 못했다. 점점 빚보증과 빌려준 돈이 불어났지만 돌려달라고 하지 못하는 성격이었다. 아버지는 생활력이 강하지 못했다.

더군다나 충청도 사람 특유의 타인에게 피해를 주지 않고 다른 사람 것 탐내지 않고 남에게 악을 품지 않는 온유하고 유약한 성품이었다. '남의 눈에 눈물 나게 하면 내 눈에서는 피가 난다'라는 말씀도 자주 하셨다.

나 역시 아버지의 성격과 비슷하다. 아버지께서 하신 말씀이 지금도 생각난다.

"성택아. 나는 너를 믿는다. 너는 사춘기 시절부터 오늘까지 남들과 싸우거나 사고를 친 일이 없다."

나는 아버지의 그런 말을 들을 때마다 대부분 칭찬으로 생각했다. 청년이 되어 나이가 차자 결혼했다. 여전히 가정 경제는 나아지지 않았다. 가족은 늘어났는데, 나는 무엇을 하며 먹고 살아야 할지 정말 막막했다. 그 시절 농촌에서 자립하는 것은 거의 불가능했다. 청년들은 도시로 나가 직장생활을 하는 것이 보통이었다.

나는 1981년 4월에 경기도 여주시 가남면 삼군리로 이사를 왔다. 그 당시 삼군교회 담임 목사로 있던 임홍만 목사님은 나의 둘째 동서였다. 그 인연을 계기로 가남면 삼군리로 이사를 오면서 여주는 제2의 고향이 되었다. 나는 삼군교회에서 신앙생활을 하면서 생계를 위해 건축업에 종사하게 되었다.

1985년 여주에 있는 여광 직업 보도원 목공 교사로 2년 정도 근무하게 되었다. 직업훈련생 교육을 하는 일이 내가 할 일이었다.

학생들을 상담하게 되었을 때다. 그들은 자기 뿌리에 대해 전혀 알지 못했고 관심도 없었다. 조상이 누구냐고 물으면 모른다고 했다. 그 이유를 들어보니 학생들이 고아원 또는 실손 가정에서 자라 이곳에 오게 되었다는 것이었다.

학생들은 사랑도 제대로 받아보지 못했고 가정교육을 받고 성장해야 하는 시기에 고아원에서 집단생활을 했다. 그들은 오로지 잘 먹고 잘 입고 편안하면 최고라는 생각이 먼저였다. 학생들 대부분은 자립심도 경쟁심도 약했다. 나는 그런 학생들을 대할 때마다 결혼해서 가정을 어떻게 이루어 갈 것인가? 자녀들은 어떻게 교육할 것인가? 하는 염려가 되었다. 자녀들은 부모가 신앙 안에서 키워야 한다는 것이 평소 나의 생각이었다.

나는 결혼해서 두 자녀를 키웠다. 아이들은 유치원 시절부터 부모의 생각을 잘 따라주었다. 두 아이는 교회 생활도 열심이었고 모두 모범적으로 잘 자라주었다. 사람들은 나보다 다른 사람이 잘되면 어떻게든 흉을 잡거나 배가 아파한다.

그런데 이런 시기와 질투가 없는 예외가 있다. 그것은 자식이 나보다 더 훌륭하게 될 때이다. 부모는 자식이 나보다 잘되길 바라고 내가 못 한 것을 자식들이 성취해 주기를 바라는 순수한 사랑이 있기 때문이다. 무엇이든지 좋은 것을 물려주고 싶고 내가 가질 수 없었던 것을 자식에게 해주고 싶은 심정에서 능력 이상의 학교에 지원도 하게 한다.

아들은 초등학교에서 상위권에서 공부를 곧잘 했다. 주로 1등 2등을 다퉜다. 중학교에 진학해서는 3학년 전체에서 수석으로 졸업했다. 나는 아들에게 말했다.

"우리 집안에서는 명문 대학을 졸업한 사람이 없다. 그러니 너는 서울에 가서 공부해라." 어느 날 나는 기도하다가 깨달았다. 내가 가지지 못한 것만을 물려주려고 하기보다는 내가 가지고 있는 귀한 것들을 물려주는 것이 더 중요하다는 마음의 울림이었다.

새벽에 일어나 조용한 시간에 내게 있는 것들을 하나씩 떠올려 보았다. 그것은 신앙과 기도, 성실과 진실, 근면과 겸허, 검약의 정신이었다. 특히 부모로서 가지고 있는 것, 자녀에 대한 깊은 사랑이 가장 중요한 유산이라고 생각하게 되었다. 한편으로는 외적으로는 자녀에게 물려줄 유산이 없는 것이 안타까웠다. 나는 다시 생각했다.

"내가 자식들에게 물질을 물려주면 얼마 못 가서 누군가에게 빼앗기거나 잘못 잃어버릴 수도 있다. 내가 물려줄 귀한 신앙과 정신적 유산은 누구도 빼앗아 가지 못할 것이며 그것은 자녀들에게 가장 크고 훌륭한 재산이 될 것이다. 자녀들에게 아름다운 추억을 물려주는 것 또한 귀한 재산이 될 것이다."

나는 사랑을 가지고 진실한 마음으로 성실하고 바르게 사는 모습을 자녀들에게 물려주자고 스스로 다짐했다. 그러기 위해서 아내와 나는 힘써 노력을 게을리하지 않았다. 부부간의 사랑과 신뢰, 아름다운 분위기 모든 것이 자녀에게 물려주는 정신적인 유산이 될 것임을 생각할 때 나는 참으로 두려운 마음이 생겼다.

지난날의 부족했던 내 모습들이 후회스럽기도 했다. 그러므로 남아 있는 날들을 위해 기도하지 않을 수 없다. 왜냐하면 부모가 자녀에게 아름다운 기억을 남기는 것이 가장 큰 유산이기 때문이다.

실크로드를 가다

임만규 | 전 음악 출판 청음사 대표, 시인

　　　　이번 우즈베키스탄 여행은 아득한 세월 전 우리 조상들이 오갔던 실크로드를 돌아보는 것이다. 어쩌면 여행이란 호기심과 잠재된 그리움, 그 기시감을 찾아가는 것일지도 모른다. HY512 우즈베키스탄 국적기에 몸을 실었다.

　옛 선인들은 육로로 몇 달 걸려서 고생 끝에 도착했을 먼 길을 불과 7시간 만에 타슈켄트 국제공항에 도착했다. 우리나라와 시차는 4시간이다.

　비단길, 실크로드(Silk road)는 옛날에 중국과 중앙아시아, 서아시아, 유럽, 아프리카의 지중해를 잇던 동서 교역 루트다. 이 루트를 통해 동서 간의 문물이 왕래했으며 지나가는 곳마다 크고 작은 도시나 마을이 생겨났다. 실크로드라는 말은 당시의 주요 교역품이 비단이었던 것에서 유래한다.

우리 역사에 나타난 실크로드의 영향과 그 과정을 간단히 살펴본다면, 고구려는 요동 지방을 점령한 뒤에 중동의 문물을 받아들였던 것으로 보인다. 이 흔적은 이번에 방문할 아프라시압 궁전 벽화에 당시의 기록이 남아있다.

백제는 한국사에 최초로 실크로드를 통해 인도를 방문한 승려 겸익이 있다. 신라는 석굴암, 유리병과 경주 보검 출토, 페르시아인의 무인상과 처용무 같은 인물의 모티브, 인도를 방문했던 왕오천축국전의 저자 승려 혜초 등이 있다.

이번에 여행할 도시는 세 도시로 수도인 '타슈켄트', 그리고 우리나라 경주와 공주 격인 '사마르칸트'와 '부하라'로 실크로드의 고대 도시들이다.

- **타슈켄트**(Tashkent)

타슈켄트는 우즈베키스탄의 수도로 유럽과 동양으로 가는 길목에 자리 잡고 있어서 예로부터 중요한 교역중심지다. 8세기 초에 아랍에 점령된 뒤 여러 이슬람 왕조의 영토가 되었다. 13세기 초 몽골의 손에 넘어갔고, 그 후 티무르 제국의 지배를 받기도 했다. 1865년 러시아에 점령되면서 소비에트 사회주의 자치공화국의 수도로 교역의 중심지가 되었고 유럽풍의 새 시가지가 들어섰다. 맨 처음 방문한 곳은 우즈베키스탄 영웅인 '아미르의 광장'과 젊음의 거리 '아르바트'다. 아미르는 한국의 세종대왕 같은 분이라며 가이드가 웃는다.

아침 일찍 고속열차를 타고 '사마르칸트'로 이동한다. 탑승수속은 항공기 탑승처럼 짐 검색하고 여권도 확인한다. 차창 밖으로 우즈베키스탄의 평원이 펼쳐진다. 외국 여행길에 만나는 차창 밖 풍경은 언제나 한없는 호기심을 일으킨다.

반짝이는 눈빛으로 마치 어린아이처럼 그 정경에 빠져들다 어느새 잔잔한 행복에 젖어 들기도 한다. 끝없는 평원에 작물을 재배하는 풍경들이 가끔 나타나기도 하지만 대부분은 황량한 사막이다.

- **사마르칸트**(Samarkand)

사마르칸트에는 중앙아시아의 역사적인 도시답게 유적이 많다. 중국의 장안, 콘스탄티노플과 함께 실크로드 하면 떠오르는 도시로 현재 남은 중앙아시아의 도시 중 가장 오래된 도시다. 대략 4천 년 전부터 이 지역에서 인류가 활동했으며, 13세기 초 타슈켄트처럼 몽골 제국의 침공 때 약탈당하고 많은 사람이 죽거나 끌려가는 사태가 벌어졌다.

이어서 티무르 제국이 사마르칸트를 수도로 삼고 도시를 건설했는데, 현재까지 이 도시에 남아있는 수많은 유물은 이 당시에 만들어진 것이란다. 도시 전체가 세계문화유산으로 등록됐다.

맨 처음 찾은 곳은 티무르 제국의 왕 '아미르(Amir)'와 가족이 함께 묻혀있다는 묘지가 있는 '구르 아미르'다. 지붕은 중앙아시아의 건축양식을 보여주는 푸른 돔이고, 실내는 천정과 벽면에 멋진 문양이 장식돼있다. 묘지라기보다는 규모가 큰 호화로운 기념관처럼 보인다.

'레기스탄 광장'은 '모래땅'이라는 뜻으로 사마르칸트 중심부에 있는 매우 중요한 장소다. 이곳에 세 개의 건축물들이 있는데, 이슬람 건축의

정수라고 불린단다. 건물들 사이에는 매우 너른 광장이 자리했다.

'아프로시압 박물관'은 한국인들이 큰 관심을 두는 곳이다. 우리 교과서에도 실린 아프라시압 궁전 벽화에 고구려의 사절단이 있기 때문이다. 벽화에는 여러 나라에서 온 사신들과 접견하는 모습이 그려져 있는데, 긴 칼을 찬 남자 두 명이 보인다. 이들이 고구려에서 온 사신들로 학계의 고증을 받고 있다.

"여행은 다른 문화, 다른 사람을 만나고 결국에는 자신을 만나는 것이다."란 '한비야'의 말이 불현듯 생각나는 곳이다.

- **부하라**(Bukhara)

아침 일찍 실크로드의 중심지 부하로 가는 고속열차에 탑승했다. 약 2시간 동안 어제와 같은 풍경을 바라보며 이동한다.

우즈베키스탄 중남부에 있는 주의 주도로 2,500년 전부터 사람이 살아왔던 실크로드의 중심지다. 기원전 4세기 고대 문화부터 17세기 중세까지 역사가 차곡차곡 쌓여 있는 도시이다. 구시가지는 세계문화유산으로 등록되었다.

맨 처음 찾은 곳은 '아르크(Ark) 성'으로 부하라의 랜드 마크란다. 거대한 성채는 고대 부하라 제국의 왕가와 주민이 거주했던 곳이다. 현재는 성채의 일부만 남아있지만, 모스크와 수백 년 된 가옥 등 볼거리가 즐비하다. 성채에는 박물관 있어서. 옛 왕국의 이모저모를 엿보고 느낄 수 있다.

'이스마일 사마니 영묘(Somoniylar Maqbarasi)'는 900년 전 건축되었지만, 형태는 아직도 완전하게 유지되고 있다. 중앙아시아에서 가장 오래된 장례식 건물로 알려져 있다. 구조가 복잡한 기하학적 디자인이라고 평가받는단다.

'칼란 미너렛과 포이 칼란 콤플렉스'는 중앙아시아에서 가장 높은 첨탑인 '칼란 미너렛'과 '칼란 모스크'가 있는 단지를 말한다. 이슬람 종교 건물이 모여 있는 지역으로 사마르칸트의 레기스탄에 견주어지는 곳이다. 제일 먼저 눈에 들어오는 것은 높이 46m의 우뚝한 탑 '미너렛'이다. 900년 전인 1127년 구운 벽돌을 쌓아 올려서 만들었다는 원통형이다.

<부하라 궁전에서>
신에게 닿으려나 끝없이 톺아가며
허공을 관통하는 가뭇한 탑 하나가
세월에 길을 내면서 지금까지 솟고 있다.
동서의 선인들이 오고 간 회랑에는
짐을 진 그림자가 바람처럼 얼씬한다
아직도 버리지 못해 잡은 미혹인가.
어제와 나눠보는 오늘의 대화에서
역사는 거듭돼도 진리는 간결하다.
시간이 삼켜버리니 그 모두 허상이라.

옛 실크로드의 분위기가 느껴지는 상가 거리를 방문했다. 기념품들과 화려한 색상의 실크 제품들이 눈길을 끈다. '관광지서 사고 싶은 물건이 있으면 바로 사라.'는 말이 있다. 망설이다 지나고 나면 후회할 수 있기 때문이다.

기념될 것 하나를 사보려고 기웃기웃하면서 가게 주인들 애만 태우다가, 한국에 가서 옷을 만들어도 될 만큼의 실크 원단을 사기로 하고 한 가게에서 색상을 보기 시작했다. 푸른빛이 도는 실크 3m를 사겠다고 하자 바로 흥정이 시작됐다.

계산기에 찍힌 금액은 우리 돈으로 약 6만 원에 해당한다. 우리는 난색을 보이면서 살 의사가 없다는 표시를 하자, 재빨리 금액을 내려 제시한다. 그렇게 몇 번을 오가다 더는 안 된다는 표정으로 4만 원을 제시한다.

이제는 살까 생각하다가 우리는 최종 3만 원을 제시했다. 그러자 안 팔겠다는 듯 표정을 바꾼다. 그래서 우리도 포기하는 듯 발길을 돌리려 하자, 재빨리 3만 5천 원 계산기를 내민다. 그래도 돌아서려 하자, 결심한 듯 오케이란다.

물건을 건네주면서 5천 원만 더 달라는 손짓을 외면하고 돌아섰다. 버스가 출발하자 괜스레 마음이 편치 않다. 커피 한 잔 값인데 하는 생각, 그도 가족이 있을 텐데 혹시 손해를 본 것은 아닐까? 하는 생각이 그의 표정과 함께 따라온다. 반드시 이겨야만 좋은 것인가?

"여행은 목적지에 닿아야 행복해지는 것이 아니라, 여행하는 과정서 행복을 느끼는 것이다."라는 말처럼 무더위 속에서도 느낌이 참으로 좋았던 여행이다.

척박한 사막 위에서 이루어낸 놀라운 문명을 보면서, 상상과 감동이 밀려오고 내 삶도 돌아보는, 그래서 새로운 눈과 큰 위안하고 돌아가는 여행이다. 그러나 이번 여행에서 아쉬운 점은 하나 있다.

일정에 '고려인 마을' 방문이 없었다는 것이다. 언젠가 TV에서 보았던 고려인들, 우리말을 잊고 살아가는 시장의 여인들, 그 애잔한 모습에 가슴이 뭉클했던 기억이 남아있다. 역사의 그늘, 그 아픈 손가락을 꼭 한 번 만나보고 싶었는데 말이다.

추억과 이별 여행

임영호 | 빛나는 칼라 자동차공업사 대표

작년 봄 모란이 피던 오월에 시골집에 다녀오고 싶다는 엄마의 성화에 여행을 준비했다. 어머니를 모시고 시골집에 가서 보니 개망초가 허리까지 자라서 마당을 점령하고 있었다. 골반 골절로 벌써 병원 생활을 반년하고 퇴원해서 아들 집에 기거하며 요양을 하시다 일 년 만에 집에 오셨다.

엄마의 보금자리였기에 신이 나셨다. 앞마당에 고추며 도라지, 들깨, 콩 등 작물을 조금씩 가꾸며 커가는 모습을 인생의 유일한 낙으로 사셨는데 이제는 그것마저도 사라지고 없다. 빛바랜 추억만을 한 꺼풀씩 벗겨서 여름날 된장에 고추 찍어 먹듯이 세월을 드셨는데 이제는 그마저도 마음대로 안 된다고 하시니 안타까울 뿐이다.

뒷마당 한쪽에는 아직도 복분자 나무가 자라고 있는데 열매는 아직

익지 않아서 먹을 수는 없지만, 복분자주에 대한 추억만은 먹을 수 있었다. 동네에서 복분자주가 한창 유행하던 때 심었던 나무이다.

항아리에 복분자로 술을 담가두고 술 익는 소리 들으며 한 잔, 두 잔 마시면 6.25 나기 전 해에 인천에서 아버지와 밀주(꿀에 누룩을 섞어 빚은 술)를 만들어서 파던 때가 생각나신다고 한다. 그때는 제법 돈도 벌었단다. 그때 배웠던 술 담그는 솜씨가 좋아 우리 집 복분자주가 그렇게나 맛있었나 보다. 이제는 맛을 볼 수는 없지만, 마음으로만 맛을 느끼곤 한다.

시골 생활이 힘들지 않은 일들이 어디 있겠는가. 어머니께서는 고난이 길어서 유독 고생하셨다. 6·25 때 인천에서 정읍 산외면 신정리로 피난 내려와서 지금까지 살아온 이곳이 고향이 되었고 삶의 터전이 되었다.

6.25가 끝나고 어수선한 시국에 생계를 위해 불 바라기 깊은 산속에서 통나무를 베어다가 15리 길을 머리에 이고서 제재소에 납품하는 나무 장사하였다. 불 바라기는 6·25 때 빨치산이 출몰했던 깊은 산중이었다. 그만큼 고되고 힘든 일이지만 자식들 안 굶기고 교육하기 위해 역경의 시간을 이겨내셨다.

생각해 보면, 어머니로 산다는 것은 무한한 사랑이 있어야 한다. 가난한 삶 속에서 황소처럼 일만 해서 무에서 유를 만들었다. 그러한 삶 속에 자신의 자아가 있었을까? 자신을 포기하는 게 어머니의 삶일까? 자식을 위해 희생하고 모든 것을 자식에게만 초점을 맞추고 살아가는 것이 부모님의 삶인가 보다.

어느 날 거울을 봤는데 거울 속에 내가 아닌 어머니가 문득 보인다. 내리사랑이라고 어머니의 교육관이 그대로 아들에게도 전해져 내려오고 있었다. 어려움 속에서도 근면 성실하게 자식들 모두가 그렇게 살아가고 있었다.

아침부터 새 한 마리가 하늘 위로 날아올라 내 머리 위를 맴돈다. 그날 저녁 형으로부터 연락이 왔다. "어머니 별세" 무거웠던 마음에 올 것이 왔구나! 95세로 천수를 다하셨으니 아쉬움은 없다. 어머니 소원대로 이제 마지막 여행을 떠나셨으니 내가 어머니 여행에 시(詩) 두 편으로 동행할까 한다.

<하늘로 가는 새>
죽어도 오늘이 오지 않기를
마음으로 빌었다.
먼 길 떠나려는 부산함에
마음이 메인다.
꽃이 진다고 슬퍼하지 말라.
내가 너희에게 복을 주고 떠나니
부디 잘 갈 수 있게 조금만 울어다오
꽃상여 하늘로 흩날리며
그리운 임 계신 곳으로
새가 되어 간다.
창공을 날아올라
보이지 않는 곳까지 날아올라
이 세상에서 저세상으로
한없이 날아간다.

이 시는 장례식장 빈소에서 영정 사진을 바라보며 어머니와 눈빛으로 나누는 대화를 시상으로 표현하고 그리운 임 찾아 새가 되어 가시기를 기원하며 쓴 시라고 할까.

＜화장터에서＞
화염 속에서
식어버린 육신 태워버리고
세상 인연 모두 태워버리고
바람 되어 창공으로 간다.
화염을 바라보며
아야 하야야 아파 아파 소리가
나도 모르게 나온다.
평소 아프시면 하던 말
아야 하야야 아파 아파 화염이 꺼져 가면
뜨거웠던 열정 가슴에서 내려놓고
손짓하면 잡힐듯한
붉은 노을 바라보이는 곳
꽃이 피고 선홍빛 단풍이 드는
이곳에서 세상과 잡은 손을 놓고
잠드소서.

이 시는 화장터에서 화염을 바라보며 재가 되는 육신을 바라만 봐야 하는 심정과 고통을 느끼지 못하는 어머니의 모습이 오열하게 만들고 선영들이 계시는 선산에 영면하시길 기원하며 쓴 시라고 할까.

　이렇게나마 어머니와 마지막 여행을 시와 함께 할 수 있어서 그리우면서 면에서도 행복하였네. 당신이 보고파지면 오늘은 참고 지내려 합니다. 보고픈 날 많아지면 그때 다시 한번 불러보려 합니다. 어머니 나의 그리운 어머니 보고 싶습니다.

입하지절(立夏之節)의 소회

임왕택 | 나주임씨중앙하수회 감사

소만(小滿) 지나면 망종(芒種)이라고?

"보리누름에 설늙은이 얼어 죽는다"라는 소싯적 말이 어렴풋 기억된다. 소만(小滿) 지나고 망종(亡種)을 바라보는 시절인데 웬 추위 타령이었는지~ 망종 지나고 보름여 뒤가 바로 하지(夏至)인데도 의아해서 하는 말이다.

그와 함께 봄누에를 기르는 양잠 농가에서는 세 잠을 자고 탈피를 하여 거의 다 자란 누에들의 고치 형성 공간 마련을 위하여 여러 층의 덕을 매고 넓은 채반을 올라가자 째 거두어 온 넓은 뽕잎을 맘껏 올려놓아 그들 일생 마지막의 식사를 허락하게 되는 것이었다.

그즈음 뽕밭에는 새까만 오디가 지천으로 열리는 때이기도 하다. 잠시 반참 쯤 지나 누에들이 뽕잎에 오르면 마른 댓잎에 소나기 뿌리는 소리가 사각사각 서걱서걱하면서 방안을 어지럽힌다.

누에들의 마지막 식사가 끝나고 나면 먹는 것을 중단하고 움직임이 둔해지면서 몸빛은 맑은 누런빛으로 변하게 된다. 덕에 올려진 빈 채반에다 마른 장다리 꽃대나 유채 또는 갓의 씨앗을 털어낸 깡마른 짜글대는 올려놓고 누렇게 변색한 누에들을 옮겨 놓아 그들의 고치 제작을 독려하게 된다.

며칠이 지나고 나면 새하얀 누에고치가 마른 짜글대 가지가지마다 오뚜기 모양의 실체로 풀 소금에 의지해서 매달리게 된다. 머지않아서 고치를 수확하고 풀 소금을 뭉쳐내면 비단의 부드러움과 명주 솜의 포근함이 아녀자들의 노고를 거름 삼아 세상의 꿈으로 다시 태어나는 것이다. 고치에서 우수한 명주실을 뽑아내려면 솜씨 좋은 실수는 장인(匠人)이 나서게 되는데 후천 댁 아니면 보성 댁이 마을에서는 뽑혀 나왔었다.

널찍한 헛간 한가운데 뚝배기 솥단지를 걸고 아궁이와 굴뚝을 두어 물을 끓이는데, 그 아궁이에는 감나무 매화나무 오얏나무 밑에서 주어온 잘 마른 자장 개비(삭정이)를 태워 지피고 있는데 그 불 모양이 꼭 보릿모개 완두콩 구워 먹는 서리 하기에 딱 알맞은 규모와 형상이었다.

그 작고 아담한 빠꿈살이 수준 규모의 부뚜막은 뒷울 끔에서 몇 삽 퍼온 벌건 황토 반죽으로 말끔히 단장되었으니 그 또한 손재주꾼 학동 양반(?)의 어엿한 완성작품이었었다.

불이 적당히 지펴지고 뚝배기 솥단지의 맹물이 보골보골 끓게 되면, 광주리에 담겨있던 길쭉한 오뚜기 모양의 하얀 누에고치의 세 개 또는 네 개가 하나씩 하나씩 대나무 젓가락으로 옮겨져 함께 끓어오르게 된다.

드디어 보드랍고 따사로운 비단의 원사가 되는 명주실의 첫 시작이 그 대나무 젓가락의 끄트머리에서 "실마리"라는 이름으로 건져지게 되고 나아가 도투마리 위의 얼레에 살금살금 감겨나가면서 타 레가 되고 꾸러미가 되고 포단이 되어 실크로드의 인류 문화사를 다시금 이루는 여러 원인자를 현란하게 열어가게 되는 것이었다.

대저, 기르던 양의 털에 의존해서만 옷 만드는 피륙을 준비하던 서구의 사람들에게는 꿈에서도 엄두를 못 낼 특이하고도 섬세한 문화의 한 장르로 비단의 시대를 열어 놓은 동양 문화의 신비로움은 곧 뒤이어 실크로드(Silk-Road) 개설은 물론 신대륙 발견의 기동력으로까지 제공되고 있지 않았나 하는 생각에 이르게 되니 재화(財貨) 획득을 향한 인류의 집념은 가히 인간이 영장류의 으뜸 개체라는 사실을 부정할 수 없게 만드는 실마리의 하나이지 않았나 싶어진다.

그러한 "culture"의 깊은 속성을 어린 시절엔들 꿈이라도 꾸어 상상할 수 있었겠는가? 단지, 조금씩 있다가 명주실을 벗어버린 엷은 풀 소금(생사 자투리 뭉치) 실루엣에 싸인 노루 스루 탱탱한 번데기의 찝질 고소한 맛의 향연을 한껏 고대하고 있었을 뿐 이었으리라.

결이 고운 명주 비단을 베틀에서 짜내기 위해서는 대나무 젓가락 끄트머리의 생사가 균일하고 매끄럽게 뽑혀 나와야 하는데 그 눈썰미와 솜씨가 미덥고 돋보였던 장인(匠人)으로서의 어른은 아까 그분들 후천 댁과 보성 댁이셨을 것이 내 기억으로 믿음이다.

멀지 않아서 보리타작이 있을 터이고 그 보릿짚이 장맛비에 젖고 나면 밥 지을 아궁이의 땔감 걱정에 정재 간의 아낙들은 산중 양반 추억의 푸념을 못 잊고 지내는 것이다. 그래도 마당에 멍석 깔고 누워 모깃불에 의지하여 밤하늘의 별을 세는 호강(?)은 다음 세상에서도 마냥 그리울 것이다.

　다시, 계절이 바뀌고 절후(節候)가 돌아서 대서(大暑)가 지나 입추(立秋) 즈음이 되면 초여름의 수확으로 앙상했던 뽕나무의 가지들 사이로 새로운 가지의 싹이 나고 여린 새 뽕잎이 피어나기 시작하고, 추잠(秋蠶) 농가에서는 그 오묘한 오뚜기 모양의 누에고치 수확을 향한 "가을누에 치기" 일손이 분주해지고 있었다.

마음의 고향

임지택 | 전 목포동초등학교 교장, 수필가

　　　　　　　전북 순창군 어느 낯선 시골에서 하룻밤을 지낸 아침이다. 이름 모를 산새들의 지저귐에 잠에서 깨어나 옥상으로 올라갔다. 아침 공기가 시원하고 상쾌하다. 도시에선 느껴보지 못한 색다른 느낌이다. 가볍게 걸으면서 두 팔을 흔들어 본다. 잠자리의 비상처럼 가벼워진 몸은 옥상인데도 마음은 벌써 저쪽 숲에서 이쪽 숲으로 천천히 움직이며 아침을 산책한다.

　"찌찌 쩌쩌", "띠르르 띠르르", "찌꺽 찌꺽" '상쾌한 아침입니다. 오늘 하루 잘 보내셔요.'

　'으응, 너희들도 즐거운 하루 시작하렴!.'

　새소리는 이루 형언하기 어렵지만, 어느 것 하나 귀에 거슬리지 않는다. 짝을 부르는 것도 같고, 새끼 새들의 재롱 소리로도 들린다.

이처럼 평화롭고 사랑스러운 분위기를 깨트리는 건 아무것도 없다. 쭉쭉 키 자랑하는 소나무와 참나무, 밤나무, 대나무, 아카시아 등, 나무와 풀로 어우러진 숲이 한결같이 조용하다. 아직 비몽사몽(非夢似夢)인지, 아니면 새들의 이른 아침 노래잔치를 즐기느라 여념이 없는지도 모른다.

제1막이 끝나고 잠깐의 휴식 시간인가 싶더니 다시 이어진다. "찌이익 찍찍", "또르르 또르르", "뚜 우울 뚜그르르" 새들의 노래에 맞춰 마을회관의 삼색 깃발이 가볍게 흔들리며 리듬을 탄다. 어느 무대에서의 백댄서 그것보다 훨씬 유연한 몸짓이다. 숲속의 나무들은 지그시 눈을 감고 흐르는 가락에 취해 있다. 이런 걸 자연의 질서라고 불러도 좋을지…. 아니면 자연의 하모니라고 해야 하는지….

저 멀리서 갑자기 경운기 소리가 요란스럽게 들려온다. 훼방꾼이 나타나서인지 일순간 뚝 멈추더니 다시 계속한다.

새벽에 나왔는가 보다. 혼자서 콩밭에서 김을 매는 할머니가 긴 이랑의 한가운데서 연신 호미질하고 있다. 그 호미의 손놀림은 새들의 노래를 반주 삼아 흥겹게 움직이고 있다. 어깨가 시리고 손목이 무 질근할 텐데 쉴 새 없이 앞만 보고 나아가고 있다. 일하는 걸 즐기는 모양새이다. '아는 것보다는 좋아하고, 좋아하는 것보다는 즐기는 것이라야 한다'라는 말을 실감이 나게 보고 있다.

계단식 도랑 논에서 진초록 벼들이 키 재기를 하고 있다. 이웃하는 논배미들이 얼마나 컸는지 서로 기웃거리는 것 같다. 서로가 포기를 많이 불렸다고 자랑하는 모습이다. 이제 벼꽃을 피우고 노란 이삭을 선보이려면 잠시도 쉴 틈이 없다고 이야기하는 것 같다.

바로 위쪽에 자리 잡은 참깨들은 하얀 꽃을 피우고 콩은 줄기를 무성하게 키우고 있다. 저쪽 다랑이에는 고추가 울긋불긋 햇빛을 닮아가고 울타리에 무성한 부용화는 아침 이슬을 머금고 싱글벙글한다.

아침 해가 선잠에서 깨어난 듯 부스스한 얼굴을 내밀더니 다시 구름 이불을 덮고 누워버린다. 야트막한 동산인데도 산 중턱까지 안개가 내려앉아 한 폭의 한국화를 그려낸다.

아침 햇살이 밝아지면서 새들의 지저귐이 사라진다. 일순간에 시간이 멈춰버린 느낌이다. 정지는 시동의 출발인가 보다. 골목마다 일터로 나가는 마을 사람들이 모습을 드러낸다.

마을 회관의 삼색 깃발은 바람 따라 휘날리면서 기억의 저편으로 사라져가는 고향마을(늘어지)의 이모저모와 잊혀가는 추억들을 살랑살랑 부는 바람에 실려 하나둘 소환해준다.

철 따라 산과 들에 피어나는 꽃구경 하려 개구쟁이 친구들과 여기저기 쏘다니던 '그때가 좋았지!' 어떤 말을 해도 어떤 실수를 하더라도 허허! 웃어넘기던 그들은 지금 어디서 무얼 하고 있는지? 기억 속에 가물거린다.

늦은 봄이나 초여름에 뒷동산에 올라 싱싱하고 파릇파릇한 산나물을 꺾어 주머니를 채우던 개구쟁이 시절, 가을이면 산밤나무 아래 떨어진 알밤을 주워, 구워 먹던 어린 시절이 이제 와 돌이켜보니 마냥 행복했던 시절이었던가 보다. 행동이 느린 친구들에게 내가 주어 모은 알밤을 듬뿍 집어 나누어 주었으니 형제애나 다름없었음이다.

나 자신도 그러했지만, 그 친구들도 자녀들의 취업으로 고향을 떠나 살다 보니 서로 마주 보고 웃어본 지도 무척 오래되었고 그중 대다수는 하늘나라 여행을 떠나버려 서로가 반가워하던 모습이 지워진 지 오래되었다. 10여 년 전만 해도 "바쁜 일 없으면 저녁같이 먹고 오랜만에 나랑 같이 자면서 못다 한 이야기 다 털어놓고 내일 올라가면 어떤가?"하면서 소맷자락을 끌어당기던 친구들의 모습이 기억 속에 가물거린다.

혼자서 콩밭을 매고 있는 할머니의 모습에서 내 할머니가 텃밭에 심어놓은 채소밭을 이른 아침에 혼자서 제초작업을 하시느라 잠시라도 보이지 않을 땐 큰 소리로 할머니를 부르면서 찾아 헤매던 일이 새삼스럽게 떠오른다. 그처럼 할머니를 무척이나 따랐던 게 사실이다. 그것은 그럴만한 사연이 있다. 어린 나와의 인연이 다하셨는지 젖먹이 어린애를 떼어두고 훌쩍 하늘나라로 떠나버리신 내 어머니님이 아니신가?

그렇기에 나는 누가 뭐라 말하든 「할머니의 막내」로 어린 시절을 보낸 게 사실이다. 그렇기에 '우리 할머니가 아니라 내 할머니'임에 틀림없다.

진초록 벼들이 자라는 논배미를 바라본 순간 내 소년 시절의 일들이 하나둘 떠오른다. 내 어린 시절의 고향 마을은 천수답(天水畓)뿐이었다. 때맞춰 비가 내리지 않으면 모내기를 할 수 없는 지역이었기에 어른들의 걱정하시는 모습을 수없이 보아왔다. 이에 대한 대비책으로 논배미의 한쪽에 조그만 웅덩이를 만들어 평상시 내리는 빗물을 모아두었다가 필요할 때 두레질해서 논에 물을 대주곤 했었다.

내가 중학교에 다니던 시절 휴일이나 방학 때면 어른들과 짝이 되어

두레로 물을 품어 올리던 기억이 새롭게 떠오른다. 그때 할아버지께서 종종 하시던 말씀이 새삼스럽게 상기된다.

"사람이 살다 보면 이런저런 일을 하게 된단다. 그래서 해보았던 일은 피하기 쉽지만, 안 해본 일을 하려면 힘들기 마련이란다. 그러니까 평상시 이것저것을 익혀두는 것이 좋단다."라고 자상하게 일러 주시던 조부님의 가르치심이 아직껏 잊히지 않고 있다.

우리 가족이 대대로 살아왔던 옛집은 우리 가족이 나주시 다시면으로 이사를 계기로 다른 이에게 매도되었고 숙부님도 자녀들의 직장 따라 서울로 이거 하시어 고향을 찾아갔을 때 마음 편히 쉴 곳이 없게 되어 버렸다.

그렇기에 고향 방문이라고 하더라도 살갑게 반기는 친척도 그 옛날 해가 지는 줄도 모르고 동고동락(同苦同樂)하던 친구들도 찾아볼 수 없는 이방인 처지가 되어버린 처지인데 고향을 찾아본들 아무런 의미를 찾아볼 수 없게 되었다. 이 같은 생각이 나의 비뚤어진 생각인지, 사리에 맞지 않은 생각인지 가늠하기 쉽지 않다.

이제는 이방인 처지라고 여기기보다는 부모, 형제가 오손도손 정 나누며 살았고 나의 출생지이며, 유소년 시절 개구쟁이 친구들과 정겹게 지냈던 추억을 꼬깃꼬깃 접어 추억의 공간에 고스란히 넣어두었다가 철마다 꽃향기 따라 실려 오는 다정다감했던 추억의 고향을 살며시 꺼내 보며 옛 추억에 잠겨보는 마음의 고향으로 살고 싶다.

다산 정약용을 만나다

임수홍 | 한국국보문학 발행인, 시인

얼마 전 남양주시에 있는 2012년 유네스코 세계기념인물로 선정된 정약용 생가인 '여유당'을 찾았다. 서울 근교로 남한강이 흐르고 주변 경관이 빼어나 머리를 식히기에는 안성맞춤이었다.

어린 시절부터 엄청난 독서광이었던 정약용은 16세 때 성호 이익의 『성호집』을 읽고 실학자가 되기로 마음먹고 22세에 초시에 합격하여 성균관에 들어가 정조 대왕을 만나게 된다. 그 당시 성균관 유생들에게 '중용'에 관한 시험을 낸 정조는 정약용이 낸 답에 매료되었고, 이후 정조의 신임을 얻은 정약용은 출세가도를 달리게 된다.

그러나 우리 시대가 위대한 선각자라 여기는 다산 정약용(丁若鏞, 1762~1836)은 생애 수많은 고통과 부침을 겪었다. 함께 동고동락했던 친우의 배신을 당했고, 학문적 동지이자 세상을 바꾸겠다는 뜻을 함께 세웠던 친구와 형제의 죽음을 지켜봐야 했으며, 같은 당파(黨派)의 사람들에게도 버림받고 반대파에게 모함을 받아 18년 유배라는 고통의 세월을 보냈다.

또, 어린아이들이 전염병으로 죽어 갔지만 의학적·사회적 도움을 받지도 못한 채 아버지로서 가슴만 쓸어냈다. 서로 떨어져 생계를 위해 분투하는 아내를 1천 리 밖에서 밤새워 걱정만 했다. 의좋게 지내던 5형제는 하나의 사건으로 두 명은 유배가고 한 명은 죽었으며, 한 명은 유랑자가 돼 이산(離散)하고 말았다.

나라와 백성을 위해 '공렴(公廉)'의 자세로 노력해 훌륭한 공적을 쌓은 공직자였지만 질시와 모함을 받아 자신의 존재를 한순간에 부정당해야 했을 정도로 조선시대 후기는 당파싸움이 극심한 상태였다. 어쩌면 18년 귀양살이가 정치를 벗어나 저술 활동에 전념할 수 있게 되어 역작들을 남길 수 있었다.

인문학적 입장에서 보면 정약용의 유산 중 가장 빛나는 것은 문학이라고 할 수 있다. 그는 문학은 조국과 인민을 위한 것이라는 선진적 문학이론을 주장했다. 따라서 모방주의와 형식주의를 배격하였으며, 문학은 항상 민족의 실생활을 토대로 해야 한다고 강조했고, 이런 문학적 견해를 바탕으로 2천 4백여 수에 달하는 시 뿐만 아니라 다양한 형식의 산문문학도 창작했다.

그러한 작품들은 모두 사실주의적 그림처럼 그 시대를 진실하게 보여 주어 비판적 사실주의 문학이 발전하는데 크게 기여했다.

그의 시들은 당시 농민들의 비참한 처지를 보여 주면서, 봉건통치자들의 죄행을 폭로하고, 현실을 비판할 뿐만 아니라 불합리한 현실을 바로 잡아 보려는 정신이 반영된 점이 특징이다.

그러나 정약용은 자기 작품들에서 봉건사회 자체를 부정하지 못했다. 그의 이상적인 정치는 유교적인 왕도정치였다.

따라서 이와 어긋나게 행동하는 악질 관료나 중간 착취자들을 신랄하게 비판했다. 그가 쓴 시는 봉건제도에 대한 제한성은 있지만 부패한 봉건 사회를 여러모로 폭로하고 나라의 부강과 백성의 구제 방법을 제시함으로써 조선시대 말기의 사실주의 문학이 발전하는데 크게 이바지했다. 다산은 시 2,460여 수를 남겼으며, 이것은 시집 약 30여권을 남긴 것과 같은 분량이다.

한국의 다빈치라 불리며 정치, 경제, 과학, 의학 등 다분야에서 업적을 이룬 조선 최고의 융합형 인재인 다산은, 시대를 앞서간 선구자이며 한반도 실학사상의 대부로 평가받고 있다. 75세의 삶을 살면서 무려 500여권에 이르는 방대한 저술을 남겼으며, 정치적인 박해와 모함으로 인한 귀양살이의 고통을 학문으로 승화했다.

요즘처럼 새로운 혁명의 AI시대를 살아가야 하는 우리들에게 새로운 사고를 변화시키며 시대의 아픔을 품을 수밖에 없었던 인간 정약용의 삶을 '여유당'에서 잠시나마 느껴보았다.

끝으로 일이 안 풀릴 때 꼭 봐야할 다산 정약용 명언을 되새겨 본다.

- ▶ 근면함 속에 항심이 싹튼다. 항심은 삶의 든든한 뒷심이다
- ▶ 작은 상황 변화에 마음이 흔들리지 않으려면, 항심이 있어야 한다.
- ▶ 각자의 직분을 알아 맡은 일에 충실한 것이 근면의 시작이다.

▶ 지금 당장할 일과 미루어도 좋은 일을 분간하는 것이 부지런함의 출발이다.

▶ 이 판단을 잘못하면, 아무리 열심히 노력해도 결과가 늘 안 좋다.

▶ 해야 할 일을 안하고, 안 해도 될 일을 열심히 하면 죽도록 애를 써도 거둘 보람이 없다.

▶ 하는 일 없이 빈둥거리지 마라 영혼에 독소를 주입하는 일이다.

▶ 지금 당장 해야 할 일과, 미루어도 좋은 일을 구분하는 것을 잘 구분하지 못하면 아무리 열심히 노력해도 결과가 늘 안 좋다.

요즘 조금은 멍한 마음에 너무 와닿는 말이었다. 전에도 비슷한 말을 들은 적이 있지만 정약용이 해주니 이상하게 더 와 닿는다.

제3부

사람이 그리워야 사람이다

임무성	오산 죽미령에 서서
임창진	월출산을 닮은 아버지
임현우	거상(巨商)의 고집
임동규	비구니 스님과 어머니
임영희	호랑이 장가가는 날
임경렬	학교 가는 길
임정희	걸으면 세상이 보인다
임진택	소리의 길, 광대의 길
임종대	우리나라의 고사성어

오산 죽미령에 서서

임무성 | 전 대통령 민정비서실 행정관, 수필가

1951년 1·4 후퇴, 당시 만 여섯 살이었던 나는 할아버지의 손을 잡고 피난을 가던 중, 경기도 오산에서 허벅지에 총을 맞고 피를 흘리며 쓰러졌다. 병원도 없었던 그 피난길에 할아버지의 정성으로 한 달 만에 상처가 아물어 살아났다.

나이가 들수록 총 맞은 현장을 찾아가고 싶었으나 미루다가 74년이 흐른 뒤, 백발이 되어 현장을 찾아갔다. 기억을 더듬어 오산 국도변의 총 맞은 지점을 찾으려 했으나 불가능했고, 다만 치열했던 전투 현장인 죽미령에서만 당시의 상황을 생생하게 볼 수 있었다.

6.25 남침, 북한의 전쟁 징후에 깜깜했던 우리 군은 전혀 대비가 없었다. 소련제 탱크와 야포로 무장한 북한군은 단3일 만에 서울을 함락하고 파죽지세로 남으로 진격했다. 1949년 5월 30일 자로 미군 4만 5천 명이

철수한 것이 패착이었다.

유엔 안전보장이사회는 유엔 창설 후 첫 파병을 결의했다. 그때 제일 먼저 파병된 유엔군이 일본에 주둔하고 있던 미군 제24사단 소속 '스미스 부대'였다. 맥아더 장군은 북한군의 남하를 지연시키기 위해 급히 파병했다.

스미스 부대는 7월 1일 일본 이타즈케 공군기지에서 C-54 더글러스 수송기로 부산에 착륙, 기차를 타고 대전에 도착했다. 스미스 중령은 오산 죽미령이 지형상 방어하기에 가장 적합하다고 판단해서 죽미령에 진지를 구축했다.

유엔군 지상군의 첫 전투는 7월 5일 벌어졌다. 미군 병사들은 북한군이 미군을 보면 크게 겁먹을 것이라는 말도 했다. 그러나 북한군은 탱크를 선두로 수원 방향에서 제107 전차연대와 보병 2개 연대 병력으로 공격했고, 미군은 2개 중대와 1개 포병으로 방어했다. 6시간 15분 동안 벌어진 전투에서 스미스 부대원 540명(보병 406명, 포병 134명)으로는 북한군을 막을 수 없었다.

이 첫 전투에서 미군은 보병 150명, 포병 31명이 전사하거나 부상했다. 죽미령 전투는 북한군 남침 10여 일 만에 유엔군의 참전을 알리게 된 계기가 되었으며, 북한군의 전력을 확인하고 이후 유엔군이 전투 전략을 세우는 데 도움이 되었다.

스미스 부대 퇴각 이후의 전황은 대개 다 알고 있다. 국군과 유엔군이 낙동강 전선까지 밀려 내려갔다는 것. 16개국에서 파병된 연합군과 국군이 전열을 재정비해 반격을 가하고, 9월 15일에 인천상륙작전이 성공하여 9월 28일 서울을 수복했다는 것. 10월 1일 국군이 38선을 돌파하고 유엔군 사령관 맥아더 원수는 김일성에게 항복을 촉구했으며, 정부는 이 역사적인 10월 1일을 '국군의 날'로 정했다는 것들이다.

계속 북진하던 중에 중공군이 개입했다. 10월 19일 중공군 본대는 압록강을 건넜다. 중공군과 연합군 간의 치열한 전투가 벌어졌다. 12월에는 '굳세어라 금순아' 노래 가사와 같이 비극적인 흥남 부두 철수가 개시되었다.

1951년 1월이 되자 중공군 6개 군단은 38선을 넘어 총공격을 개시하고 국군, 유엔군은 서울을 철수했다. 이른바 1·4후퇴다. 공산군은 1월 8일 중부 전선으로 남하해 오산을 점령했다. 이런 전황 속에서 내가 오산에서 총을 맞은 것이다.

서울시민 대부분이 6·25 때 피난을 못 가고 1·4후퇴 때 피난을 갔다. 우리 가족은 세 팀으로 갈라졌다. 아버지는 제2국민병으로, 어머니는 여동생을 업고 피난민 기차를 탈 수 있었고, 할아버지를 비롯한 고모, 형, 누이, 나 이렇게 다섯 식구는 동대문 밖 이문동 집을 나서서 망우리 고개를 넘어 광나루로 향했다. 한강이 꽝꽝 얼어 달구지도 건너갔다.

우리는 거북이걸음이었다. 이불 짐을 진 회갑의 할아버지, 쌀자루를 머리에 인 중학생 고모, 취사 보따리를 작대기에 꿰고 형과 누이가 잡고 걸었다. 우리는 어머니가 지은 솜바지에 솜 모자를 썼다. 양재, 수원을 거쳐 오산까지 걷는 데 삼 일이 걸렸다. 잠은 빈집에서 자고, 방이 없으면 헛간에서 잤다.

오산에 도착해 어느 정미소 창고의 피난민 틈을 비집고 들어가 쪽잠을 잤다. 한밤에 산발적으로 총소리가 들리고 중공군이 꽹과리와 피리를 부는 소리도 들을 수 있었다. 1월 10일 원주 - 오산 간 120km 전선의 중공군 총병력은 28만 명으로 추산했다(6·25전쟁 1,129일, 이중근 편저).

나는 아침에 일어나 소변을 본 후, 군인 행군대열을 구경하다가 총에 맞았다. 유엔군이 내 뒤에 선 어른을 중공군으로 오인하고 쏘았다고 한다. 내 허벅지를 뚫고 나간 총알은 그 어른의 무르팍에 박혔다.

그는 결국 죽었다. 총알은 내 허벅지 안쪽에서 바깥쪽으로 피부를 뚫고 나갔는데 지금도 안쪽 상처가 작고 바깥쪽이 크다. 옆의 섰던 형님의 말은 내가 "앗 뜨거워!"라고 소리치며 쓰러졌다고 한다. 어린 나는 어쩌면 죽을지도 모른다는 공포심이나 어떤 생각도 없었고, 할아버지만 눈에 핏발이 서 고함을 지르며 상처에 이불깃을 찢어 묶었다.

할아버지는 군인들에게 애걸복걸해 겨우 빨간약(머큐로크롬) 한 병을 얻었다. 상처에 바르려고 빈집 방엘 들어갔다가 "이런 죽일 놈들!"이라고 소리를 지르며 나와 다른 집으로 갔다. 버려둔 간난 아기 몇 명이 꼬물꼬물하고 있었기 때문이었다.

빨간약을 바른 후 피난길을 재촉해 오산을 벗어났다. 길가에는 노인네들의 시체와 총에 맞은 시체가 여기저기 널브러져 있었다. 죽어도 항의 할 곳이 없고 인권이니 뭐니 하는 말은 존재하지도 않았다.

빨간약이 떨어지자 늙은 호박을 구해다 상처에 붙이기도 했다. 할아버지는 짊어진 이불 짐 위에 여섯 살 손자를 얹어놓고 걸으셨다. 대전, 영동, 김천, 성주를 거쳐 해인사가 있는 합천 가야 골짜기 고향까지 걸어서 꼬박 한 달이 걸렸다.

지금 죽미령 고개에는 평화를 염원하는 평화공원이 조성되어있다. 유엔군 초전기념관, 스미스 평화관, 유엔군 초전기념비와 여러 상징물을 제작해 배치해 놓았다. 기념관 추모 공간에는 초전에 참가했던 유엔군 540명의 명판을 일일이 새겨 놓았다.

죽미령에 서서 지난 70여 년을 되돌아본다. 폐허가 된 나라에서 온 국민이 밤낮없이 일하고, 자식들 교육 덕분에 세계 10위 경제 대국을 만들고 문화융성기를 만들었다. 세계인들이 주목하는 나라가 되었다. k-컬처, 한류, BTS, 영화, 드라마에 이어 노벨문학상 수상으로 또 한 번 세계를 놀라게 했다.

그런데도 요즘 국민은 불안하다. 언론에서는 부도덕하고 이기적인 정치인과 지식인 집단을 질타하지만, 이들에게 국민은 안중에 없고 자신들의 이익에 혈안이 되어있다. 한국 민주주의가 위기에 직면했다고 진단한다.

서기 1807년 독일은 프랑스 나폴레옹과의 전쟁에서 패하고 국민은 절망에 빠졌다. 이때 독일 철학자 피히테(Johann Fichte)는 "독일 국민에게 고함"이라는 연설에서 패전의 원인은 국민의 이기심과 도덕적 타락 때문이라고 질타했다. 부도덕하고 이기심으로 가득 찬 나라의 종말은 패망이다. 국제정세가 급변하고 북한은 핵무기로 위협하고 있는데, 안보문제도 정치 논리로 대립하고 있다.

6.25의 상처는 아직도 아물지 않았다. 우리 가족도 그렇다. 우리나라 국민 모두 들여다보면 그 피해는 현재 진행형이다. 전쟁터에서 죽은 수많은 백성이나 피해 국민은 아무 말도 하지 않는다. 요즘 무슨 피해자니,

무슨 유공자니 하면서 특혜를 보려는 이기적인 부류들이 많다.

얼마 전에 별세한 장기표 선생의 일갈에 고개가 숙어진다. 그는 민주화보상법에 따라 약 10억 원의 보상금을 받을 수 있었지만 이를 거부하며 이렇게 말했다.

"누구나 자기 영역에서 국가에 이바지하는데, 민주화운동을 했다고 보상금을 받는 게 말이 되느냐" 나는 전쟁터에서 총에 맞은 상흔을 안고 사는 국민이다. 대학생 때는 우국충정에서 시위에 앞장서다가 경찰서 철창신세를 두 번이나 진 전력도 있다.

6.3학생 운동사(6.3동지회 발간)에도 내 이름 석 자가 분명히 박혀 있다. 장 선생 지적처럼 자기 영역에서 국가에 이바지했으면 되는 것이다. 그의 마지막 당부가 따끔하다. "국민이 깨어있어야 한다."

전쟁의 상흔은 죽미령에만 있는 것이 아니다. 수많은 유엔군 전적비와 참전 기념비가 이를 말해주고 있다. 세계에 하나뿐인 유엔군 묘지가 부산에 있다. 머나먼 이국땅에서 자유와 평화를 수호하기 위해 산화한 참전 장병들의 명복을 빈다.

월출산을 닮은 아버지

임창진 | ㈜행정사사무소 행정개발 대표행정사

모두가 어렵던 그 시절! 1949년 2월. 6·25전쟁 1년 전 23살이었던 아버지는 육군에 자원입대하였고, 의정부 동두천을 방어하던 제7사단에 배속되었다.

6·24전쟁 하루 전에는 서울로 외박을 나왔다가, 6.25 당일에는 헌병들의 귀대명령에 따라 준비된 트럭을 타고, 부대로 귀대하였지만, 부대는 이미 남쪽으로 후퇴한 상태였다.

전쟁 하루도 되지 않아, 부대가 후퇴하다니. 아버지는 남아있던 비밀문서와 탄약고를 폭파하려고 남은 헌 병 장교와 만나, 폭파 임무를 완수하고 후퇴하는 부대를 따라가려고, 남쪽으로 향했는데, 얼마 가지 않아 낙오되어 단신으로 남쪽을 향하였다.

전쟁 개전 3일 만에 서울은 북한군에게 함락되고, 아버지는 낙오병이 되어, 의정부 - 미아리 - 서대문 - 수색 - 행주나루터로 후퇴한 아버지는 서울이 이미 북한군에 점령된 사실을 확인하고는 군복을 벗고 사복으로 갈아입은 뒤, 행주나루터 가까운 산속에 은거하면서, 행주나루터를 점령한 북한군이 물러가기만 기다려, 한강을 건너 남으로 내려갈 생각만으로 숨어 산속에서 이틀 밤을 지냈다.

행주나루터 부근 야산에 숨는지 3일째, 북쪽에서 내려와 서울로 진입하려는 노기등등한 한 무리 부대를 보게 되는데, 산속에 숨어있던 아버지는 북쪽에서 내려오는 군대가 적군(괴뢰군)인지, 아군(국군)인지 숨죽이며 살펴보다가, 은거지 가까이 다가온 군대가 아군임을 확인하고는 은거지를 나와 부대를 가로막고 지휘관을 찾았다.

"어디로 가는 부대입니까?", "개성 00연대 다, 우리는 서울로 진입하려고 포천시 이동 중이다, 왜 묻는 것이냐?, 너는 누구냐? 아버지는 본인이 의정부 7사단 소속 이등 하사 임 방, 턱이라고 밝히고. 의정부 - 서울을 거쳐 후퇴 중이며, 서울은 이미 괴뢰군에서 점령당했고, 중앙청에 북한기가 올라간 사실과 정부가 남으로 피난 갔다는 사실을 알리며 개성부대의 서울을 적극적으로 막고 나섰다.

개성에서 내려온 00연대 부대장(대령은) 부대를 가로막은 사복 입은 조그만 사내에게 부대명, 지휘관 등을 확인하고는 "거짓말이면 총살한다"는 겁박을 하였지만, 결국에는 아버지의 말을 신뢰하여 부대를 해산시키면서 개인별로 한강을 도강하여 수원에서 집결할 것을 명령한다.(개성에서 후퇴하던 부대는 아버지가 서울진입을 제지 후, 지휘관에 의해 해산하였는데, 해산당시 3명의 소위, 중위가 적군에게 패퇴했다는 사실에 분을 못 이겨 수류탄으로 자결했고, 아버지는 이를 목격하고 기록으로 남겼으며, 국방부 공식기록에도 젊은 장교들의 수류탄 자결 사실은 기록되어 있다)

이후 개성에서 내려오던 부대와 아버지는 행주나루터에서 한강을 도강하여, 영등포, 군포를 거쳐 수원에 집결해 있던 육군본부에 합류하여 부대를 재정비할 수 있었고, 낙동강 유역까지 밀렸지만, 인천상륙작전 성공 이후 압록강까지 북진하는 국군의 중요한 부대가 된다.

위 내용은 6.25로부터 32년이 흐른 1982년, 쉰일곱이던 아버지는 '6개월 후에 사망할 것이다'는 간암 진단받고, 투병 6개월간, 자신의 인생을 기록한 아버지의 수기에서 발견한 글이다.

사람이 6개월 후에 죽는다는 판정을 받으면 어떠한 기분이 들까? 아마도 그 6개월 동안 가장 남기고 싶은 이야기, 자신의 인생에서 가장 보람찬 이야기와 후대에 전해줄 이야기를 기록으로 남기지 않을까 싶다. 나의 아버지도 (하나뿐인) 아들을 포함하여 많은 사람에게 가장 전해주고 싶은 사실을 기록으로 남기셨다.

아버지의 수기는 아버지가 돌아가신 후 읽게 되었는데, 여러 번 다시 읽어봐도 모골이 송연해지는 것을 느낀다. 전쟁 중에, 그것도 서울이 함락되어 나라를 잃을 처지에 있는 상태에서 패전으로 노기등등하게 후퇴하는 부대를 사복을 한 낙오병이 가로 막아서서, 서울진격은 공산당 수중으로 들어가므로 안 된다고 다 죽는 길이라고 막아서다니.

대통령을 비롯한 정부의 높은 사람들은 국민에게 '곧 인민군을 물리칠 것이니 염려하지 마라'고 안심시켜 놓고는 남쪽으로 피신해 버렸고, 서울을 점령한 공산당은 무더위가 시작된 여름 서울 하늘에'이승만 괴뢰도당은 남쪽으로 피난했고 서울은 점령됐다는 소식을 전하며, 경찰과 군인들은 자수하면 목숨만은 살려준다'고. '경찰 가족과 군인 가족을 신고하면 포상한다'라고…. 성능 좋은 확성기 방송을 들었던 낙오병이라면 자진하여 산에서 내려갈 생각을 하루에도 수십 번 했을 법한데, 공산당은 믿을 수 없다는 평소 소신이 있었기에 남쪽으로 내려갈 궁리에 모든 역량을 집중하였고, 사복으로 갈아입은 상태도 까마득한 졸병이, 대령인 지휘관에게 서울 진입하면 모두 죽는다. 한강을 건너 남으로 후퇴해야 한다고 거침없이 말할 수 있을까?

자칫하면, 총살당하거나, 아니면 끌려가 간첩죄(군복이 아닌 사복을 입었으므로)로 구금당할지도 모르는 상황에서, 후퇴하여야 하며, 서울진입은 다 죽는 길이라고 말하는 사람(군인)이 있을까?

나의 아버지의 평소 인생관이었으며, 소신이셨다는 생각이 든다. 아버지는 후퇴 후 낙동강 전투에서 살아남으셨다가, 인천상륙작전 성공 후 북진하는 전투에서 부상하였고, 그 부상으로 전역하였다.

전역 후에는 강진 읍내에 도착한 아버지는 동네 사람들로부터 당신의 아버지(나의 할아버지)께서 경찰과 공산 잔당들 사이의 다툼으로 돌아가셨다는 소식을 듣게 된다. 그 길로 경찰서장을 찾아간 아버지는 고향인 성전면 지서의 차석이 되어, 월출산 등으로 숨어든 빨치산 토벌에 참여한 경찰 생활을 시작했다.

경찰 활동할 때는 아직 전쟁 중이어서 아군과 공산군과의 경계가 모호한 시절이었는데, 가능한 한 주민들의 편에 서서 활동하려 했다. 어느 날 월출산 기슭에 학생 1명이 다쳐 신음하는 것을 발견하고 어떻게 다쳤는지 물었는데, 다친 학생은 성전면 지서의 경찰들이 사상이 의심스럽다는 이유만으로 학생(기록에는 '윤'씨 성을 가진 학생으로 나옴)에게 린치를 가한 사실을 확인하고는 린치를 가한 동료 경찰들을 훈계하고, 본서(강진경찰서)에 신고하여, 양민을 괴롭히는 일을 멈추도록 했던 활동 기록도 보인다.

또한 월출산 일대에 들어가 빨치산 활동을 한 형(나의 큰아버지)이 야밤에 집으로 찾아왔을 때는 자수하도록 형을 설득하고 직접 체포하여 호송했던 사실도 기록으로 남기었다. 경찰 활동에서도 '옳은 것은 옳다!' '아닌 그것은 아니다'라고 당당하게 실천하신 소신을 읽는다.

아버지의 이러한 소신이 있는 행동은 아버지 고향의 월출산을 닮은 것 같기도 하다. 밖에서 보면 웅장하면서 힘이 있어 보이지만, 안에서 보면 아름다우면서도 오밀조밀하고 어느 산도 흉내를 낼 수 없는 아버지 같은 자태를 지닌 월출산! 밤에도 별빛을 받아 웅장하게 빛나며, 수많은 별빛을 하나도 놓치지 않고 아름답게 빛나도록 만들고, 별 하나하나를 패기 있게 만드는 힘이 있는 월출산!

월출산을 닮은 아버지는 전쟁에서 부상을 당하여 전역하였음에도 불구하고, 국가유공자로서 인정받지 못하였고, 전쟁 이후에는 평범하지만은 않은 고단한 삶을 살았던 아버지는 전쟁에서 패전하여 후퇴하는 노기등등한 부대를 막아서서, '서울로 진입하면 다 죽는다, 남쪽으로 후퇴하여야 한다'라고 당당히 말하던 패기 그대로의 삶을 사신 듯하다.

1983년 돌아가시기 전까지 국가유공자로 등록받기 위하여 노력하였고, 당국에 이런저런 서류를 제출하기도 하셨는데, 그때마다 당국으로

부터 아버지의 전공 기록을 발견하지 못했다는 회신공문을 받으시고는 낙담하시다, 58세 나이로 숨을 거두셨고, 천주교에 귀의하여, 광주광역시 천주교 묘역에 묻히셨다.

아버지가 돌아가실 당시 나는 군대를 막 전역한 약관이었다. 아버지의 고충에 대한 해결 방법을 모르고 30년이 흘렀다,

아버지가 돌아가시는지 30년 만에 나는 행정사 시험 1기에 합격하게 되는데, 행정사의 업무 중 국가유공자 관련 업무를 할 수 있다는 사실을 확인하고는 아버지가 돌아가실 때 남긴 수기가 떠올랐다.

나의 행정사로서의 첫 사명은 아버지의 군복무기록과 전쟁에서의 부상기록을 찾는 일이 되었고, 다행스럽게 아버지의 입대 기록과 부상기록을 찾았으며, 국가 보훈부로부터 인정을 받아 2017년 국가유공자로서 등록하고, 2019년 아버지의 유해가 모셔져 있던, 광주 천주교 묘역에서 파묘하고 괴산호국원으로 모시었다.

이제 남은 것은 국가로부터 6·25전쟁에서의 아버지의 전투 공적에 대한 훈장을 수훈 받는 일이다 '돌아가신 분에 대한 훈장 수훈'은 쉬운 일은 아닐 것이다. 그러나 개인 기록이지만, 엄연한 기록이 있고, 전쟁에서의 공적이 뚜렷하다면, 국가는 대상자에게 훈장을 주어야 한다.

국가는 전쟁 당시 기록 미비를 이유로 훈장 수훈을 1차 거부, 2차 심사하고 있는데, 전쟁 초기에 공식기록은 미진할 수밖에 없는데도 '개인 공적에 대한 공식기록 미비'글 이유로 헌장수훈의 어려움을 얘기하고 있다.

전쟁 초기에 전투, 전쟁에서 전과를 세우고, 다치고, 아군 대부대의 서울진입을 제지하고 후퇴하게 함으로써, 수십 명 장병이 사지로 들어간

뻔한 기록이 정부 기록과 개인 기록이 일치가 확인된다면 그 공적은 인정되어야 할 것이다.

국방부 공식기록과 비교할 때, 1982년 작성된 아버지의 개인 수기가 국방부기로(2005년 편찬됨) 보다 23년이나 앞섬을 확인하였고, 개인 수기가 앞선다는 사실을 국방부도 인정하고 있음을 유념한다.

나의 아버지에 대한 기록 외에도 이 땅의 모든 아버지에 대하여 다시 생각해 볼 것이 있다.

어려운 시절, 국가를 수립하고, 민족 간 전쟁을 하고, 전쟁과 전투에서 사망하는 안타까운 일이 한두 분이 아니었다는 사실은 민족의 비극이지만, 그보다 중요한 것은 전쟁에서 살아남는 일이고, 전쟁이 끝난 후까지 살아남아 조국의 건설에 참여하였다면, 이 또한 후대에 본보기가 될 만큼 훌륭한 인생이지 않았는가.

우리 아버지 세대의 모든 분이 전쟁을 겪었고, 살아남았으며, 현재의 대한민국을 이만큼 잘사는 조국을 만든 데에 헌신하였고, 국가발전 그럴 뿐만 아니라 후손을 낳아 훌륭하게 교육하고, 국제사회에 대한민국이 만큼 위상을 떨치게 한 공이 있으니, 돌아가신 분과 전쟁에서 살아남아 애쓰신 모든 어르신에게 국가는 훈장을 주어야 마땅하다

이 땅에 다시는 전쟁이 있어서는 안 되지만, 현재의 한반도는 긴장의 연속이며, 남북한은 대치를 넘어 강 대 강 대결로 치달을 것만 같은 분위기인데, 또다시 이 땅에 아버지처럼 불행한 군인이 불행한 역사가 반복되어서는 안 될 것이기에, 강력히 아주 강력히 평화를 위하여 노력할 것을 모두가 노력해야 함을 호소한다.

이제, 내 나이가 아버지가 돌아가신 당시의 나이보다 10년이나 더 살았고 내 아이들을 키워보니, 평소에 아버지께서 왜 엄격하셨는지, 부당한 행위를 보면 참지 않고 나서서 해결하려 하셨는지, 조금은 알 것 같다.

6.25 전쟁으로부터 73년, 아버지께서 돌아가시는지 40여 년!! 긴 세월이 흘렀지만, 변하지 않는 것은 기록이며, 아버지의 기록은 나와 가족에게는 아버지를 잊지 못하는 힘이며, 대한민국을 다시 한번 생각하게 하는 교훈서이다.

아버지의 전쟁수기는 2024. 11월 중순 국방부 산하 전쟁기념관에 국가기록물로 지정되어 기증되었고, 이제부터는 국가가 관린하는 기록물이 되었다. '국가기록물'로 인정받은 아버지의 수기를 국방부 군사편찬연구소가 발간한 6.25 전쟁기록과의 일치성을 증명 하는 일 또한 남아있는 아들의 의무로 남게 되었다. (또한, 아버지의 수기를 바탕으로 현대사의 기록을 소설로 출간하는 일 또한 아들이 할 일로 남겨졌다)

거상(巨商)의 고집

임현우 | ㈜트윈트리코리아 대표이사

돌아가신 임광행 보해양조㈜ 회장님은 개인적으로 아버님이십니다. 저는 세상에서 아버님을 가장 존경합니다. 지금도 아버님과 같은 남자로서 살기를 희망합니다. 그래서 회사 경영을 하는 일을 한번도 내 운명이 아니라고 부정하지 않았습니다

아버님의 기업가적 기질을 처음 탐미할 수 있었던 것은 고려대학교 1학년 때의 일 때문이었을 것으로 기억됩니다. 저는 입학을 했으나 학과가 적성에 맞지 않아 재수를 할 요량으로 축제기간부터 등교하지 않았습니다. 끝내 학과 교수가 아버님에게 전화를 걸었습니다. 내용인즉, 이 학생의 중간고사 성적이 아주 우수해 기말고사는 그 성적의 80%를 줄 테니 학교에 다시 나오도록 타일러 달라는 것이었습니다. 아버님은 나를 불러 그간의 사정을 물으셨고 다른 일과 다르게 별반 나무라지 않으

셨습니다. 오히려 대견해하시며 시험 준비를 잘하라고 격려하셨습니다. 아버님은 자식들이 목표를 세워 그것을 성취할 때까지 노력하는 것을 대견스럽게 생각하셨던 것 같습니다

"기업이 잇속만 차리다간 망한다"

사회에 첫 발을 내디딘 곳이 보해였습니다. 회장님이신 아버님께 꾸지람을 듣는 일이 많았습니다. 1986년 당시 우리 회사는 1.8ℓ 용량의 소주 부문이 전체 시장의 33%를 점유하고 있었습니다. 호남지역은 농촌이 넓게 퍼져 있어 소주병에 담긴 1.8ℓ의 수요가 많았습니다. 그런데 페트 용기가 등장하면서 시장 점유율이 25% 이하로 떨어졌습니다. 페트에 담긴 소주는 가벼워 휴대하기 좋고 운반이 용이하여 소비자들이 선호하는 추세였습니다. 마케팅 부서를 관장하고 있던 나는 애가 달아 아버님께 틈만 나면 페트 1.8ℓ 소주를 개발하자고 건의했습니다.

"이 놈, 기업 망해 먹을 참이냐? 기업이 잇속만 차리다간 망한다"

한사코 아버님은 페트병은 인체에 해롭고 25도의 술을 그런 용기에 담으면 술맛이 떨어진다며 사용을 반대하셨습니다. 그렇다고 시장이 잠식되어 가는데 그냥 모른 척할 수도 없는 일이었습니다. 우연히 양주 '조니워커'가 페트병을 발견했습니다. 즉시 그것을 가지고 아버님께 달려가 그 병을 보이며 설득했습니다. 이후에 아버님은 고집을 꺾으셨고 새로운 용기가 탄생한 것을 인식하기 시작하셨습니다. 그러나 '올곧은 큰 장사꾼'의 집념과 의지를 식지 않았습니다. 회장님이 일본에 출장 중일 때 전화를 걸어 유선 상에서 간신히 재가를 얻었습니다. 이 무렵. 일본에 계시는 동안 회장님은 미츠비시 상사를 통해 수출한 '목포의 이슬'을 판

촉하기 위해 한 달 동안 멀리 북단의 홋카이도에서부터 남단 후쿠오카까지 매일 지점장과 업소 사장들을 만나셨습니다.

1990년 매실농원을 보유한 보해식품의 대표이사로 취임한 뒤에는 매년 매실농원에서 생산되는 청매의 사입량을 놓고 회장님과 줄다리기를 해야 했습니다. 그래서 청매 수확철만 되면 회장님과 저는 신경이 곤두서 있었습니다.

의지와 신념만 있다면 그렇지만 회장님은 보고자의 의중을 미리 파악하고 적극적으로 수용하여 문제점을 보완하도록 지시하는 예리한 통찰력을 갖고 계셨습니다. 보해가 1980년대 초반부터 신공장 건설을 추진하였는데 장성에 부지를 구입한 뒤 자금조달의 어려움 때문에 사업추진이 부진했습니다.

1987년 어느 날, 이런 상황을 타개할 방도를 찾던 나는 회사 발전방안을 종합한 기획서를 작성했습니다. 우연히 새마을호 기차 편으로 서울에서 회장님을 모시고 목포에 내려가게 되었습니다. 도착하려면 다섯 시간 이상 걸리니 항상 바쁘신 회장님을 모시고 기차 안에서 차분하게 설명할 기회를 갖게 된 것입니다. 자금 유입 방안이며 신공장 건설계획이며 향후 회사 운영에 필요한 사항을 조목조목 짚어가며 보고드리자 회장님은 화장실 한번을 안 가고 경청하셨습니다. 이것이 계기가 되어 보해양조가 기업공개에 이어 1988년 9월에 상장을 27억 원을 공모하게 되었고 주식시장에서 자금을 유입하여 이듬해 3월 전남 장성에 신공장 건설을 위한 첫 삽을 뜰 수 있었습니다. 회장님의 거상다운 면모는 곳곳에서 발견됩니다. 장성공장 건립이 필생의 과업이라고 말씀하셨지만 그

위용을 드러내기도 전에 회장님이 지향하는 새로운 이데아가 머릿속에 벌써 지어져 있었습니다. 돌아가시기 2~3년 전부터 회장님 댁은 백합의 진한 향에 묻혀 있었습니다. 항상 꽃병에 백합을 꽂아 놓기를 즐기셨는데. 백합 중에서도 유독 좋아하신 마르코폴로로 거실을 온통 장식한 적도 있었습니다. 마르코폴로를 한참 바라보시던 회장님은 문득 제게 한마디 말씀을 던지셨습니다.

"현우야, 화훼산업을 해보면 어때?"

회장님은 선과 순결을 지닌 깨끗한 마음을 상징하는 백합꽃을 단지 좋아하는 것에서 그치지 않았던 것입니다. 생을 마감하는 마당에서도 취미를 사업적 동기와 아이디어로 연결하시려는 거상의 일면을 볼 수 있었습니다.

아무튼, 우리는 보호를 영원히 존속시키고 임광행 회장님의 철학과 뜻을 간직하고 계승하여 발전시켜 나갈 의무와 책임이 있습니다. 그 분의 말씀대로 의지와 신념만 있다면 가능하리라 믿습니다.

비구니 스님과 어머니

임동규 | Gf에너지 주식회사 대표이사, 시인

한여름 햇볕이 한참 농익어 갈 무렵. 칠월칠석날 어머니는 작은 항아리에 정성스레 따로 모아놓고 아끼던 공양미 쌀을 퍼 담아 보자기에 싸고 부처님께 불공 올릴 예물을 챙겨 서운산 동쪽 능선 중턱에 있는 내원암으로 오르셨다.

나는 개울가에서 동무들과 텀벙대고 놀다 어머니 부름에 소 끌려가듯 마지못해 따라나섰다. 신라 천 년 고찰, 작은 암자는 세월을 견디다 못해 지친 듯 기둥이 기울어져 여기저기 떠받친 받침대가 고여져 있었고 낡은 기와지붕엔 드문드문 잡초가 우거져 있어 산새들이 집을 짓고 새끼를 키우는지 분주하게 들락거리고 있었다.

"얼른 이리 올라와 땀 식히시유, 너도 이리와 쉬어라." 일 년 내내 누더기 장삼 걸치고 억센 잡곡밥에 푸성귀 산나물로 연명하는 여위고 늙은 비구니 스님은 어머니와 허물없던 터라 격식 차리지 않고 앞니 빠진 잇몸을 드러낸 채 활짝 웃으며 반갑게 맞았다. 나도 어머니가 손에 쥐어준 작은 보따리를 들고 어머니 따라 몇 해째 왔었기에 늙은 비구니 스님이 반가웠다.

크고 번잡한 사찰과 달리 사월초파일이나 칠월칠석날이나 절간 행사가 바쁜 때에도 이 암자는 한적하기 그지없다. 구태여 많은 사람이 오는 것을 번거로워했던 스님의 성격 탓이었거나 아니면 절간이 허물어질 듯 초라하여 공양주들이 발길을 끊었던 탓이리라.

스님은 농촌에 가을걷이가 끝나갈 때쯤이면 겨울 지낼 양식을 마련코자 혼자 지키던 절간을 비워놓고 산을 내려와 눈 쌓이기 전까지 인근 마을을 시주하러 다니며 거두어 모은 곡식과 일용품 등을 우리 집에 맡겨놓았고 추수가 끝나고 농촌 일손 한가할 때 동네 청년들에게 부탁하면 마음 착한 청년들이 지게에 가득 짐을 싣고 한 시간여 걸리는 산길을 올라 스님이 계신 내원함까지 갖다 드리곤 했다.

스님은 가을 내내 이집 저집 다니며 음식도 공양 받고 잠자리도 해결하곤 했는데 산을 내려온 후론 주로 우리 집에서 기거하는 일이 많았다. 어머니와 누나가 쓰는 작은 방에서 함께 머물다 가곤 했었는데 그럴 때면 어디서 옮아왔는지 보리쌀만 한 이와 빈대 벼룩 등을 가족들에게 옮기는 바람에 스님이 절간으로 올라가신 후엔 디디티(당시 많이 쓰이던 가루로 된 살충제)를 뿌리고 속옷이랑 이불을 삶아 빨래하고 한동안 법석을 떨어야 했다. 물론 불편했겠지만 어머니와 식구들 누구 하나 불평불만 없이 매년 당연한 행사처럼 그렇게 지내곤 했었다.

스님과 어머니는 늦가을 밤, 창밖 숲 속에서 들려오는 이름 모를 산새의 울음소리 풀벌레 소리를 들으며 등잔불 아래서 머리 깎고 비구니가 되기까지의 파란만장 했을 스님의 지나간 인생살이 이야기. 어머니의 시집살이 고생한 이야기. 주변 마을에 일어난 갖가지 일상들을 이야기 하느라 밤이 깊어가는 줄 모르고 지새우시곤 했다.

나는 두 분이 나누는 뜻 모를 옛날이야기를 들으며 졸다 깨다를 반복하다 잠이 들곤 했었다. 스님은 평소에 내가 어머니께 무슨 투정이라도 부릴라 치면 "이 녀석 부처님한테 일러서 혼 내켜야겠군." 하며 웃음기 먹은 꾸중을 하는가 하면 눈에 다래끼가 나서 가렵고 아파하는 나를 무슨 비방 같은 것을 내어 거짓말처럼 낳게 하곤 했다. 나는 그 스님이 어느 땐 다정한 할머니 같고 어느 땐 무서운 마귀할멈 같고 때론 신비스런 신령과 같다는 생각하며 유년시절을 보냈다.

초등학교 시절 겨울방학 때 눈이 많이 온 후 날씨가 포근하여 동네 어귀 모래 자갈밭 흙길이 질척거리던 어느 해 겨울. 어머니의 심부름으로 스님이 계신 암자까지 혼자 오른 적이 있었다. 평소에도 한 시간여 걸리는 산길이었는데 산속에는 아직 눈이 녹지 않았던 터라 무릎 까지 쌓여 있었고 바람에 눈이 몰려 쌓인 데는 허리까지 빠지는 곳도 있었다.

얼마나 눈길을 뒹굴며 자빠지며 걸었을까. 땀에 젖어 등이 축축하고 처음 산에 오를 땐 아무 생각 없이 올라갔는데 인적도 없고 슬슬 무서워지면서 되돌아 가려하니 지나온 길이 까마득하고 아무래도 암자까지의 남은 거리가 가까운 듯 하여 무서움을 참으며 계속 산속으로 들어갔다.

드디어 암자에 당도하니 절간 마당에는 겨우내 한 번 도 눈을 치우지 않아 무릎까지 쌓여 있었고 마당에는 황소 발자국보다도 더 큰 짐승 발자국이 성큼성큼 나 있었다. "스님, 스님 어디 계셔유?" 스님을 다급하게 부르니 온통 창호지가 찢겨 구멍이 너덜너덜한 문이 열리고 스님이 안에서 나오는데, 나는 그만 기절할 듯 주저앉고 말았다.

겨우내 머리가 길어서 까까머리가 산발이 되어 덥수룩한 데다 세수도 안 하고 지내셨는지 꾀죄죄한 얼굴에 누더기 걸친 옷 하고는 꼭 도깨비 같은 형상이었으나 이내 활짝 웃으며 반기는 스님의 낯익은 목소리를 확인하고서야 마음이 놓여 심부름을 마칠 수 있었다.

그렇게 한숨을 돌린 후 내원암 햇볕 따스한 툇마루에 스님과 함께 나란히 앉아 스님이 내준 산나물 튀각을 아작아작 먹으며 마당에 난 커다란 발자국이 궁금하여 물어보았다. "스님, 저게 무슨 발자국 이래유?", "아 - 그건 호랑이 발자국이여 산신령님이 어제 밤에 왔다 가셨나부다." 스님은 호랑이 발자국이라면서 산신령님이 타고 다니며 심부름 시키는 호랑이니 아무에게나 해코지 는 하지 않는다며 나에게 겁먹지 마라고 했다.

그러나 나쁜 일을 많이 한 사람은 크게 경을 친다고 했다. 나는 일순간 머릿속을 스치는 내가 저지른 죄목을 하나하나 마음속으로 열거하며 점점 걱정이 태산같이 쌓여갔다. 집에는 돌아가야 하는데 이를 어쩌나. 어머니 말씀 어기면서 동네 앞 개울가에서 개구리 잡아 구워 먹고 불장난 친 일. 친구들이랑 이웃동네 옥순 네 집 참외 몰래 따먹은 일. 지난여름 선생님께 배 아프다고 거짓말하고 학교에서 기르던 토끼먹이 풀 뜯으러 모두가 갈 때에 혼자 땡땡이 친 일, 갖가지 지은 죄가 생각나서 걱정이 태산 같고 보통 큰일이 아니었다.

　결국 잔뜩 겁먹은 채 오도 가도 못하고 내원암 뜰아래 쭈그리고 앉아 있다가 해 질 녘 되어서야 내가 걱정되었는지 어머니가 나를 데려오라고 보낸 이웃집 "봉구" 형과 함께 산에서 내려올 수 있었다. "엉아야!" 나는 구세주라도 만난 듯 반가워하며 "봉구" 형을 따라나섰다.

　나는 지금 육십여 년 전, 반세기도 훨씬 더 흐른 아련한 옛 추억을 더듬고 있다. 육이오 동족전쟁이 할퀴고 간 상처가 아직 아물지 않았던 1950년대부터 60년대 70년대까지 우리나라는 국민 대다수가 빈곤했다. 물론 그때나 지금이나 빈부의 차이는 있었겠지만, 특히 내가 나고 자라던 산촌 시골은 더욱 가난했었다.

　그때 내가 십리가 족히 넘는 황토 흙길을 걸어서 다니던 초등학교의 소사 아저씨가 관리하던 교실 뒤 쪽 작은 창고엔 지금도 내 기억 속에 생생한 누런 종이포대 자루들이 쌓여 있었고 거기엔 큰 별들이 멋지게 그려져 있었으며 - 지금 생각하니 성조기였다 - 두 사람이 손을 마주 잡고 굳게 악수하는 그림과 미합중국 국민이 대한민국 국민에게…. 그런 내용의 글씨들이 새겨져 있었다.

　자루 안에는 생전 처음 보는 뽀얀 분유가루가 가득 담겨있었고 학교 선생님들은 분유를 뜨거운 물에 타서 만든 즉석 우유를 아이들에게 한 컵 씩 따라주며 "이놈들아 뜨거우니 입 데지 말고 천천히 마셔라 누가 안 뺏어 먹으니까." 허겁지겁 덤벼대는 아이들이 걱정이셨던지 굶주린 어린 아이들에게 천천히 먹으라고 당부하시며 가없는 사랑으로 가르치고 키우고 계셨다.

그렇게 얼마가 지난 후 부터는 그토록 귀하고 맛있었던 우유가루가 어떤 연유 때문인지 배급이 중단되었고 그 대신 요즘 같으면 가축 사료로나 쓰일 듯 한 까칠까칠한 누런 옥수수 가루를 역시 미국에서 원조 받아 학교에서 멀겋게 죽을 쒀서 점심시간에 도시락을 못 싸오는 아이들에게 나누어 먹이곤 했었다.

요즘 젊은이들이나 어린 아이들에겐 믿기지 않는 거짓말 같은 사실이 그 당시는 아무렇지도 않게 일상이 되어 있었다. 아니 굶주린 아이들에게 지극히 당연한 삶이요 생활이었다.

그 후 60여년이 훨씬 지난 지금 우리는 참으로 풍요한 삶을 살고 있다. 아니 그 당시는 상상도 못했을 꿈같은 시대를 살고 있다. 그럼에도 유년 시절 그토록 가난했던 때가 새삼스럽게 회상되는 연유는 무엇일까? 뉴스를 통하여 그 실상이 밝혀지는 북한 사회, 굶주린 아이들의 참혹한 상황이 나의 어린 시절과 스크랩 되어 옛날의 기억을 아파하며 더듬고 있는 것 일 것이다.

그러면서 나는 그들을 위해 아무런 일도 할 수 없다는 무력감과 심한 자괴감을 느끼면서도 그들을 위하여 내가 겨우 할 수 있는 일은 일요일 교회에서 예배시간에 기도나 드리고 있는 무기력하고 소극적인 행위에 나 스스로 분노하고 있는 것이다.

1953년. 비극의 6.25. 동란이 휴전으로 끝나고 얼마 지나지 않은 1950년대 후반. 나의 고향 산골 인근에는 참전했던 미군부대가 남아 주둔하고 있었고 나는 코흘리개 동무들과 함께 개울가에서. 들녘에서. 산골짜기에서, 곳곳에 불발된 폭탄의 위험이 도사려 있던 우리들의 대자연 속

놀이터에서. 미군들을 자주 접하곤 했었다. 노랑머리의 키가 큰 백인 군인들, 얼굴이 까맣게 검었고 머리가 뽀글뽀글한 흑인 군인들…. 그들을 우리는 어른들의 표현을 배워 양코배기라고 불렀다.

문짝에 커다란 하얀 별이 그려져 있는 트럭 적재함에 멋지게 생긴 총을 어깨에 메고 나란히 앉아 유달리 하얀 이를 드러내고 낄낄거리며 우리를 향하여 카메라를 번갈아 들이대면서 흙먼지 뽀얗게 일으키며 달려가는 차량들, 손을 흔들고 지나가는 양코배기들의 모습들,

꾀죄죄한 꼬마들이 온통 흙먼지를 내며 달리는 미군 트럭 뒤를 서로 뒤질세라 뛰어 따라가며 어디서 주워들었는지 모를 혀 꼬부라진 소리를 외쳐대곤 했었다. "헤-이!", "쪼꼬렛, 기브-미!", "쪼꼬렛, 기브-미!", "오케이? 기브-미!"

지금쯤 미국 어디엔가 한국전쟁에서 살아남아 돌아간 이름 모를 늙은 참전 용사의 집 앨범에는 나의, 아니 우리들의 꾀죄죄한 유년시절 모습들이, 초콜릿을 달라고 소리치고 손 내밀며 뛰어가던 서글픈 장면들과 함께 반세기 전 참혹했던 전쟁의 기억이 어우러져 빛바랜 흑백 사진으로 남아있을지도 모를 일이다.

그 옛날 쓰러져가던 작은 암자는 이제 흔적조차 없이 사라졌다. 옛 절터는 울창한 숲이 되어 있었고 우거진 풀 숲 속에서 부스러기 기왓장이 나를 훔쳐보고 있을 것 같은 엉뚱한 상상을 하면서 나는 오솔길마저 없어진 무성한 숲 속을 헤치고 더듬어 올라와 드디어 그토록 와보고 싶었던 내원암 옛 터에 홀로 섰다.

이곳, 폐허가 된 이 터는 6.25. 동란 때 아버지가 식솔들을 데리고 피난

왔던 곳이며 피난 중 몹쓸 병에 걸려도 약도 쓰지 못한 채 죽어간 사람들의 한 서린 곳이며, 멀리 전쟁의 포성이 들려오는 가운데 내가 어머니의 모태에서 뛰쳐나와 이 세상을 처음 접한 곳이다.

전쟁이 끝난 후 내가 점차 성장해가던 가난하고 어려웠던 시절엔 어머니가 나를 위하여 부처님께 무릎이 닳도록 백팔 배를 수 없이 올리면서 지극 정성으로 불공을 드렸던 결코 잊을 수 없는 나의 심향(心鄕)이다.

지금은 녹음이 무성하여 하늘도 잘 보이지 않는 깊은 숲 속에 이름 모를 산새들의 한적한 지저귐이 무심하게 나를 반긴다. 유년시절 여름 방학 때면 코흘리개 동무들과 함께 호두나무 가지에 매달아 지은 꾀꼬리 집을 탐하여 기어오르던 그 나무들은 이제 고목이 되었으나 그래도 나를 기다리며 보낸 긴 세월이 아쉬웠던지 푸른 잎 듬성듬성 남아 함께 늙어가는 나를 반긴다.

나는 무성한 숲 속 푸른 이끼가 덮인 바위에 걸터앉아 눈을 감은 채 누군가를 기다리는 또 다른 나를 바라보고 있다. 누구를 기다리고 있는 것일까… 내 가슴속 깊은 곳으로 부터 작은 신음소리가 흘러나왔다. "어머니"… 이 세상에서 내가 가장 사랑했던 여인, 그 이름 "어머니" 생각만 해도 가슴 저리고 눈시울 뜨거워지는 그 임은 여기서 그리 멀지 않은 내 고향 선영 양지바른 곳에 고이 묻혀 잠들었다.

그리고 잊을 수 없는 또 한 여인! "스님"… 그 비구니 스님은 내가 고향을 떠난 후 언제였는지는 몰라도 활활 타오르는 불길에 사그라져 한 줌 하얀 재가 되어 내가 모르는 그 누군가의 손에 의해 쓸쓸히 이곳 산야에 뿌려졌을 것이다. 이 절터처럼 아무 흔적도 남기지 않은 채…

시간마저 멈춘 듯 한 깊은 정적 속에 정신 나간 듯 멍하니 앉아있던 나는 어디선가 슬피 울어대는 뻐꾸기 소리에 정신을 차리고 고개 젖혀 숲 사이로 보이는 눈이 시리도록 파란 하늘을 향해 긴 호흡을 내쉬었다. 그리고 맥이 빠져 깊은 몽상에서 막 깨어난 듯 한 몽롱한 머리를 좌우로 절레절레 흔들고 나서야 겨우 일어서서 발길을 돌릴 수 있었다.

산 아래 조계종 교구 본사 서운산 청룡사 주차장까지 터벅터벅 걸어서 돌아오는 길. 마당 바위며 불당골 계곡이며 그 옛날 어머니와 손잡고 함께 거닐던, 그리고 스님이 일생을 고단하게 오르내렸을, 이제는 낯설어진 오솔길엔 다람쥐 한 마리가 처음 보는 낯선 사내가 외로워 보였던지 뒤따라오며 이리저리 장난을 걸 듯 달음박질 치고 있었다.

호랑이 장가가는 날

임영희 | 전 독산초등학교 교장, 칼럼리스트

지원이가 장가간다. 진심으로 기쁘다. 당사자인 지원이가 기뻐할 일을 생각하면 엄마인 나도 덩달아 즐겁고 행복해진다. 사람이 세상에 태어나 해야 할 일들이 있다. 세상의 모든 부모는 자녀를 낳고 기르고 교육한다. 부모는 청년이 된 자녀가 짝을 찾아 결혼할 때 부모의 역할을 다했다고 생각한다.

요즘은 세상이 달라졌다. 한겨레신문(2023. 8. 28)에서 청년의 절반이 "결혼해도 자녀 필요 없다."… 10년간 의식이 급변했다는 기사를 읽었다. 각종 언론매체에도 같은 기사를 볼 수 있었다. 또 출산율에 관한 최근 기록을 보니 더욱 놀라지 않을 수 없었다. OECD 38개국 중 대한민국은 0.72%로 OECD 출산율 꼴찌를 기록하였다(최근 수정일, 2024. 9. 26). 이것은 국가 흥망성쇠와 관련된 큰 문제다.

이런 절망적인 기사들을 접하거나 이웃들이 자식의 결혼 시기를 놓치고 걱정하는 것을 들을 때 나는 위기의식이 왔다. 어서 지원이 짝을 찾아 주고 싶었다. 우리 아파트 단지 내에 부모님 같은 안옥수 교수님께 이 문제를 의논했다. "부모가 나서야 한다! 짝을 소개해 주는 것이 좋다!"고 하신 말씀대로 나는 목사로 사역하는 조카에게 중매를 부탁했다.

그 조카는 말했다. 교회에서 목사의 가장 큰 역할은 젊은 청년들의 짝을 짓는 문제라고. "교회가 커지려면 새로운 가정이 생겨야 합니다. 목사가 짝을 찾아 주는 일을 추진하면 청년들이 세상에 눈을 돌리지 않고 교회 안에서 가정을 이룹니다. 그 가정을 통해 아이들이 탄생하여 주일학생이 됩니다. 따라서 교회에서 청년들의 결혼문제는 교회의 가장 중요한 사역이라 생각합니다."라고 말했다. 그리하여 조카로부터 신상 명세를 주고받아 지원이 짝을 소개받고 3년을 만났다. 두 사람은 사랑이 싹터 결혼하게 되었다.

무더운 여름철에 갑자기 비가 잠깐 쏟아지는 날을 한국에서는 '호랑이 장가가는 날'이라고 한다. 더위를 식혀주는 비가 내리면 얼마나 시원하고 좋은가! 그래서 '호랑이 장가간다'라고 한 것 같다. 지원이가 장가가는 일이 내게는 여름날 무더위를 식혀주는 소나기처럼 고마웠다.

나는 호랑이 태몽을 두 번이나 꾸고 지원이를 임신했다. 지원이가 생기기도 전인 1993년 2월 3일 밤 꿈에 호랑이가 친정집 마당으로 들어오는 것으로 시작된다. 호랑이 두 마리가 엉겨 붙어 싸우더니 한 마리가 내 품으로 달려드는 꿈이었다.

그 후 2월 보름 즈음에는 호랑이 한 마리가 친정집 대문으로 들어오더니 온 마당을 가득 채웠다. 남편이 그 호랑이를 산 채로 잡자며 부엌으로 들어가 망태기에 고기를 담아 호랑이를 유인했다. 나는 두 번이나 같은 태몽을 꾸었다. 같은 꿈을 겹쳐 꾼 것에 대한 이유가 성경에도 나오듯이 하나님께서 정하신 일이라고 확신했다

호랑이 꿈은 아들 낳을 꿈이며 그 아들이 장차 어떤 일을 하든지 크게 될 꿈이라고 사람들은 말했다. 우리나라에서는 호랑이를 옛날부터 용맹하고 똑똑한 동물로 여겼다. 우리나라 지도 모양 또한 호랑이가 포효하는 모습과 닮았다고 했을 정도로 호랑이를 뛰어난 동물로 여겼다. 호랑이 태몽 또한 손꼽히는 태몽으로 여겼다고 한다.

나는 세 딸을 낳고 불임수술을 했다. 그러나 친정아버지와 시어머니, 남편까지 아들 낳기를 간절히 원하셨다. 그래서 지원이를 낳기 전 3년이 넘는 세월을 기도를 드렸다. 아이를 낳게 해 달라고! 그러나 아이가 생길 리가 없었다! 불임수술 그 자체가 문제였다. 넘어야 할 첫 번째 산이었다.

아이가 생겨도 아들일지 딸일지 내 맘대로 되지 않는 문제가 두 번째 산이었다. 큰 산을 두 개나 앞에 놓고 울면서 그토록 기도했던 적은 없다. 지금도 인력으로 할 수 없는 일을 놓고 그때처럼 간절하게 기도한다면 이루어지지 않을 일은 없을 것이다. 그래 지금 젊고 임신이 가능할 때 낳아보자고 결심했다. 하지만 임신은 결심만으로 해결되는 일이 아니었다.

자연스럽게 아기가 생기던 것을 왜 나는 단산을 했는가? 이 일 역시 국가 정책이었기 때문이었다. 1970년대 우리나라는 급격한 인구증가로 고민하던 시절이 있었다. 그래서 구호도 "아들딸 구별 말고 둘만 낳아 잘 기르자."였다. 나는 이미 예쁜 딸이 셋이었다. 나는 산아제한 국가 정책

에 동참하기로 마음먹었다. 그래서 남편 동의하에 난관 소작술 이라는 불임수술을 하였다.

그러나 상황이 바뀌어 다시 아이를 가지려고 하니 가장 불리한 수술 방법임을 알게 되었다. 전기로 태워버린 난관은 복원할 때 5cm를 잘라냄으로 길이가 짧아져서 나팔관이 난자를 잡아채서 자궁 안으로 잡아드리지 못하는 문제가 생겼다. 내가 영동 세브란스 병원에서 난관 복원 수술 했어도 아이가 생기지 않았던 이유였다. 산아제한 정책은 50년 앞을 내다보지 못한 국가 정책이었다.

나의 난관 복원 수술은 헛수고였다. 난관 없이도 아이를 갖는 방법이 시험관 아기라는 것을 내게 알려준 분은 생명 탄생의 기적을 선물한 '마리아 불임 클리닉' 임진호 박사였다. 쉽고 결과가 좋은 일들은 힘들지 않다는 것을 알게 되었다.

나는 초등학교에서 정년까지 근무했다. 일과 가정, 두 가지 중차대한 임무를 감당해야 했다. 출산과 육아, 자녀 교육이 내 목숨과 같이 중요한 일이었다. 그래도 가임기가 지나면 아들을 낳을 수 없다는 부모님의 권면은 지당한 말씀이었다. 당시는 냉동 난자를 보관할 수 있는 때도 아니었다. 요즘 젊은 여성들은 가임기에 난자를 채취하여 냉동 보관한다는 이야기를 들었다. 또 체외수정 기술로 아이를 얼마든지 낳는다. 내 젊은 날에 비하면 좋은 세상이다.

나는 독일에 사는 나와 쌍둥이 정희가 얼마나 부러웠는지 모른다. 딸 하나만 낳고도 아들을 낳아달라고 요구하는 사람이 없는 나라! 그래서 "나는 왜 한국에 태어났는가! 한국에서 살아야 하는가! 아들, 딸을 내 맘대로 선택할 수 있는가?

　나는 창조주가 아니다! 나는 창조주가 지어주신 대로 낳을 수밖에 없다! 다윗은 시편 139편 13절에 '주께서 내 장부를 지으시며 나의 모태에서 나를 조직하셨나이다!'라고 고백하지 않았는가?"라고 세상을 향해 항변했다.

　내가 한창 젊은 날, 한국은 남아 선호 사상이 강했다. 한때는 아기가 생겨 3개월 안에 양수검사를 해서 남아는 낳고 여아는 낙태하던 비인간적이고 비정한 시절이 있었다. 그러나 나는 영아 살인죄는 절대 짓지 않으리라 결심했다. 교회 목사님 설교 말씀에 낙태가 살인죄라는 것을 들었기 때문이었다. 당시 얼마나 많은 산모가 양수검사로 영아 살인죄를 지었는가!

　1993년 1월 내가 '마리아 불임클리닉'을 알게 된 것은 3년의 기도 덕분이라고 생각한다. 어느 날 남편이 '여성 중앙'이라는 월간잡지를 선물했다. 심심하면 읽어보라고 했다. 그런데 이 잡지에 '마리아 불임클리닉' 임진호 박사의 시험관 아기 기사가 실렸다. 그 정보를 보는 순간 불임이 해결될 것 같은 예감이 들었다. 어느 날 임진호 박사에게서 아기 탄생 과정을 듣던 순간을 잊을 수 없다. 그분은 창조주 앞에서 자신을 낮추시는 겸손한 분이셨다.

　"나는 길을 만들어 주는 일을 할 뿐입니다. 생명의 탄생은 신의 영역입니다. 난관은 필요 없습니다. 생명의 탄생을 위해 난자와 정자 그리고 자궁만 있으면 가능합니다." 이 말을 듣는 순간 난관을 잇기 위해 난관 복원 수술이라는 헛고생을 하던 일이 생각났다. 나는 세상이 변했음을 절감했다. 이렇게 쉬운 방법을 두고 돌아서 왔다는 생각이 번쩍 들었다.

지원이를 임신하고 근무했던 학교는 '목포이로초등학교'였다. 나는 이 학교에서 아이를 갖고 또 잊을 수 없는 일이 생겼다. 1993년 3월 나는 1학년을 담임했다. 아기 임신 3개월째 일이었다. BCG 예방접종을 하는 5월 어느 날, 한 아이가 주사를 맞지 않겠다고 도망했다. 나는 그 아이를 붙잡아 와야 했다. 그 아이의 저항하는 힘이 너무도 셌다.

나는 그 아이에게 끌려가고 말았다. 그리고 교실 바닥에 엉덩방아를 찧었다. 그때 교실 바닥에 찌릿 물이 흘렀다. 오후 수업이 끝나고 나는 바로 학교 위 목포시립의원 산부인과에 갔다. 의사 선생님은 청천벽력 같은 말을 했다.

"지난번 검진 때 분명히 두 개의 심장이 뛰는 것을 보았는데 오늘 보니 하나밖에 안 뛰어요!!!" 그래서 사실대로 말씀드렸다. 의사 선생님은 빨리 '성골롬반병원' 산부인과로 가보라고 했다. 당시 목포에서 가장 큰 병원이 산정동 언덕 위의 '성 골롬반 병원'이었다.

'성골롬반병원' 산부인과 선생님은 더 경악할 말씀을 하셨다. "계류 유산입니다. 산모의 생명이 위험할 수도 있습니다. 얼마 후 하혈이 시작될 것입니다. 산모의 건강이 위험하니 지금 살아있는 아이도 낙태해야 합니다." 나는 "안 됩니다!"하고 강한 어조로 말했다. "다시는 이 병원에 오지 않겠습니다!"라고 선언하고 그 병원을 총총 빠져나왔다.

나는 발길을 돌렸다. 길을 오가며 어렴풋이 알고 있는 목포시 호남동 '목포산부인과'로 갔다. 이근형 의사 선생님은 친절했다. 당시 초음파진단기를 처음 보았다. 초음파로 아이의 상태를 보면서 희망을 주셨다.

"제가 이 아이를 한번 살려보도록 노력하겠습니다. 오늘 학교 근무를 쉴 수 있도록 진단서를 끊어드릴 테니 학교에 제출하십시오. 그리고 집에서 한 달 동안 아무 일도 하지 말고 누워 지내세요. 전복을 많이 드십시오. 전복은 태반을 튼튼하게 하는 영양제입니다. 만 4개월이 되면 태반이 건강해져서 일해도 아이가 유산되는 일은 없습니다.

새 생명은 신비한 능력이 있습니다. 결과는 하늘에 맡깁시다. 혹시 배에 통증이나 하혈이 심할 경우 병원으로 오세요. 밤 12시 넘어도 문을 열어 드리겠습니다!" 나는 이근형 의사 선생님의 생명을 살리려는 말씀을 들으며 불안에 떨고 있던 마음이 어느새 평안해졌다.

이근형 선생님은 내 아기 생명의 구세주였다. 아래로 하혈과 위로는 입덧이 동시에 일어났다! 어느 날 또 꿈을 꾸었다. 하늘에 뭇 별이 반짝이는데 왕별 두 개가 보였다. 그중 한 개는 유성처럼 흐르는 것이 보였다! 그러나 다른 한 개의 별은 그 자리에 굳건히 박혀 있는 게 아닌가! 잠자는 중에서도 해몽되다니! '아하! 지금 배 속 아이는 건강하게 살아서 정해진 날에 태어나겠구나!'라고. 내 몸은 만 4개월이 되어 갈 무렵 하혈도 없고 배도 아프지 않게 되었다.

만 4개월이 되던 날 '목포산부인과'를 찾았다. 이근형 선생님은 밝은 얼굴로 나를 반겨주셨다. 초음파를 보기 위한 준비를 하시고 이리저리 무엇인가를 찾으시더니, "임영희 님, 눈을 뜨세요! 그리고 초음파 화면을 보십시오!" 했다.

또 "임영희 님은 다른 산모와 다르네요. 아들인가 딸인가 궁금하지 않습니까?" 하셨다. 그리고 보니 선생님이 찾아낸 것은 다름 아닌 남자아

이가 가진 두 개의 타원형 주머니였다. 그런데 그게 아주 크게 보였다

"선생님, 남자아이네요!", "네 맞아요! 남자아이의 성기 중 불알은 엄마 배 속에선 크지만, 세상에 나오면 작아지고 반대로 배 속에서 작았던 고추는 세상에 나오면 점점 커집니다!" 나는 처음으로 이근형 선생님을 통해 남자 성기에 관한 상식적인 이야기를 들었다. '아하, 내가 남자아이를 가졌구나!' 그때 천장을 보는 순간 천장이 아주 높고 넓게 보였다. 그 후 다달이 '목포산부인과'를 다니며 초음파로 조금씩 커가는 배 속의 아기를 보는 것은 이 세상을 다 얻은 것 같은 충만한 기쁨이었다.

아기 지원이는 정신과 육체가 건강하게 잘 자라서 청년이 되어서는 키가 183cm까지 자랐다. 30년을 부모 형제들과 살면서 효도와 우애를 했다. 4년간 아빠의 빈자리도 채워줘서 고마웠다. 청년 지원이는 2024년 9월 21일 결혼하여 내 곁을 떠났다.

나는 말했다. "지원아, 부탁이 있다. 하루 한 번 안부 전화는 잊지 말아다오! 엄마는 네 목소리를 듣지 않고는 살 수가 없을 것 같구나!" 지원이는 그렇게 하겠다고 답했다. 고마웠다!

학교 가는 길

임경렬 | 나주시 천연염색문화재단 박물관 관장, 시인

1967년 3월, 꽃샘추위가 아직도 머물러 있는 아침이다. 설렘이 집안을 부산스럽게 채운다. 들뜬 마음에 발걸음도 가볍다. 한복 두루마기를 곱게 차려입은 할머니 손을 잡고 가는데 어머니도 뒤를 따른다.

회진국민학교 신입생으로 학교에 가는 길이다. 흙길을 밟으며 걸어간다. 호기심과 기대감이 어느 것보다 앞서며 즐거운 마음으로 가고 있다. 입학하는 첫날이기 때문이다. 농번기가 아니어서인지 한 명의 학생을 데리고 한 명 이상씩 가족이 같이 온 것 같다.

6년의 세월이 흘러 졸업식 무렵에 알게 되었다. 당시 같이 입학을 해서 꿈을 키우며 6년을 함께한 동창생이 남녀를 합쳐 58명이었다는 것을. 넓은 운동장에 마을 사람들이 가득하다. 모처럼 시끌벅적한 시간이 활기차게 흐르고 있다. 어느덧 선생님 한 분이 '입학생은 줄을 맞춰 서세요' 하며 큰소리로 외친다. 할머니의 손을 놓고 뛰어가 줄지어 섰다. 어떤 아이는 어머니의 치맛자락을 붙잡고 울면서 놓지 않고 있다. 어린 나의 시선으로 보아도 그 아이 어머니가 당황하고 화난 모습을 읽을 수 있었다. 무엇이 그렇게 두려운 걸까, 금방 친해질 수 있을 텐데, 조금 답답하다고 생각했다.

단상에 오르신 교장 선생님이 무엇인가 말씀하신다. 아이들은 뒤쪽에 서 있는 부모를 쳐다보기도, 어느새 옆자리의 친구와 얼굴을 익히고 장난을 치기도, 어떤 아이는 줄에서 이탈해 부모를 찾아가기도, 각양각색의 표정과 행동들이 이곳 학교 운동장에 모여 있다.

이런저런 풍경이 뒤섞여 흐르고 있는데 귀에 익은 목소리가 들려온다. 고개를 들어 연단을 바라보니 낯익은 모습의 어른이 올라와서 서 계신다. 나의 할아버지이다. 여러 말씀을 하는데 잘 듣지 못했다. 마냥 가슴이 두근거릴 뿐이다. 무엇 때문인지는 모르지만 기쁘기도 하고 자랑스럽기도 하였다.

한편에서는 부끄럽고 쑥스럽고 어색한 생각도 들었다. 고개를 돌려 나의 든든한 후원자인 할머니를 바라보니 손짓하며 웃고 계신다. 하나의 어린 생각이 순간 뇌리를 스친다. 좋은 일이라고 느껴졌다. 평소 호랑이처럼 무서운 할아버지이다. 그런 할아버지가 말씀을 마치고 박수를 받으며 연단에서 내려가신다.

수선스러웠던, 그러나 나에게는 각별했던 입학식을 마치고 집으로 돌아왔다. 흐뭇한 미소를 머금으며 기다리시는 할머니의 품에 안겼다.

뿌듯한 축하의 포옹이었으리라.

할머니에게 여쭤보았다. 입학식 날 할아버지가 연단에 올라가서 무슨 자격으로 이야기하고 어떤 내용을 말씀하였냐고. 할머니의 이야기에서 오래된 새로운 내용을 알 수 있었다. 회진국민학교의 역사에 관한 설명이다.

이곳 학교의 터는 일제강점기 전에 우리 집안 소유 토지였는데 강점기 때 일본인에게 소유권이 넘어갔으며 일본인 북어문정은 이곳에다 잠사를 지어 누에를 키웠다고 한다.

광복 후 일본인이 되돌아가고 나니, 1946년에 강제멸실 된 민족문화 복원과 기초학습을 가르치기 위해 주민들의 뜻을 모아 모금을 통해 이곳에 민립 회진학교를 개설하였는데, 이때 추진위원회를 구성하고 학교 개설을 주도한 사람이 할아버지였다는 것이다. 할아버지는 학교를 1947년 3월 허가를 거쳐 1947년 10월에 개교하였고, 이후에도 지속해서 회진국민학교의 발전을 위해 육성회장을 맡아 봉사하고 계신다는 것이다.

할머니에게 긴 설명을 들었다. 알 수 없는 어떤 특별한 교훈적 충격이 느껴졌다. 막연하게나마 나도 어른이 되면 여러 사람을 위할 수 있는 좋은 일들을 찾아서 해야겠구나 하며 마음속으로 다짐했다. 할머니가 이어서 힘주어말씀하셨다.

스스로에게는 엄격하게 하고, 남에게는 항상 배려하는 따뜻하고 여유로운 마음을 가지라고. 할아버지가 그런 가치관을 갖고 생활해 왔다는 것이다. 무섭기만 했던 할아버지가 처음으로 온화하고 훌륭하신 분이라고 생각을 하게 되었다.

나에게는 할머니의 존재가 당시부터 항상 수호신이자 천사와 같은 분이었다. 어머니와 고모를 비롯한 친척과 이웃들은 할머니의 허락을 받아야 나를 데리고 나들이를 나갈 수 있었다. 안동 권 씨인 할머니는 봉황면 황룡리의 부유한 집안에서 태어나 자랐다. 일제강점기를 거치며 경제적으로 어려워진 우리 집안으로 지난 조선 시대에는 명문가였다는 이유 하나만으로 친정 부모님의 결정에 따라 혼인하게 되었다고 한다.

당시에도 할머니는 한문과 한글을 충분히 알고 있어서 신문을 보고 세상에서 일어나는 일들을 주위 분들께 설명해 주시곤 하였다. 할아버지가 타지로 출장을 떠나시면 우리 집에는 동네 아주머니들이 할머니를 중심으로 자주 모였다.

이렇게 저렇게 처음 경험해보는 단체생활이었던 회진국민학교를 6년간 다니고 졸업하게 되었다. 오직 1개 반만 있어서 남녀가 6년을 같이 지냈는데 친구들의 대부분이 일가 씨족들이었다. 그래서인지 돌이켜보면 어떠한 설레는 추억도 갖지 못했던 그 시절이었던 것 같다.

반세기의 세월이 흘렀지만 또렷하게 남아있는 회진국민학교 졸업식 날의 기억이다. 학생과 학부모가 강당에 가득 모였다. 재학생의 대표가 읽는 송사(送辭)에 이어 나는 졸업생을 대표하여 답사(答辭)를 읽었다. 긴장을 애써 감추고 웅변하듯 큰 목소리로 외쳤다.

모여 있는 사람 속, 마주 보이는 곳 중앙에서 눈에 단번에 들어오는 할머니의 모습, 곱게 차려입은 한복 두루마기에 얼굴에는 미소를 가득 채우고 손자를 바라보고 계신다. 매일같이 영모정에 올라서서 한 달여 동안 생달걀에 참기름을 섞어 마시며 외우고 또 외우며 목청 높여 외쳤던 답사였다. 막상 수많은 사람 앞 연단에 올라서니 긴장되어 마음이 떨렸다.

그러나 할머니와 마주하는 순간 마음이 편안해지고 자신감이 솟아났다. 이제까지 연습했던 때보다 오늘 더욱 잘 낭송한 것 같다. 왜냐면 이 답사를 듣고 많은 학생이 정든 교정과 학우들 간 이별의 애틋함에 흐느끼며 눈물을 흘렸기 때문이다.

많은 학생의 꿈을 키워주고 추억을 간직하게 했던 회진국민학교는 회진초등학교로 맥을 이어오다가 45년여의 역사를 남겨둔 채 1990년 폐교되었다. 농업사회에서 산업사회에 이르고 경제력의 향상으로 인해 농촌 인구가 도시로 유입되면서 학령인구의 감소가 현실적 원인이 되었다. 다시면 소재지에 있는 다시초등학교와 병합하였다.

현재는 다시 초등학교도 신입생이 극소수에 불과해 어려운 여건을 유지하며 소규모로 운영되고 있다. 이 시대 대한민국 사회의 현실이자, 농촌 지역 소멸이 우려되는 삶의 한계가 노출된 것이다. 이를 극복할 수 있는 국가적 차원의 정책 수립과 실행이 절실히 필요한 때이다.

세월은 아랑곳없이 흐른다. 폐교 후 학교 터 운동장에는 어느 한때 건설자재가 무질서하게 널브러져 있기도 했다. 옛 추억이 생생하게 남아 있는 졸업생들과 회진마을 주민들의 안타까워하는 탄식이 여기저기에서 나왔다.

그러던 중 뜻밖에 행운의 기회가 있었다. 김대중 대통령이 재임 시 나주의 동신대학교를 방문했다. 이때 대통령이 천연염색을 접하고 미래 전남의 문화산업으로 육성할 좋은 자원이라고 생각한다며 특별한 관심으로 지원을 약속하셨다.

김대중 대통령은 특별 교부금을 전라남도에 지원하여 천연염색 산업을 보존 계승하고 육성하는 것이 미래의 문화산업을 융성하게 할 수 있는 하나의 길이라고 판단하고 지원하였다.

이와 관련하여 당시 신정훈 나주시장이 열정을 갖고 추진하였다. 그 결과 50억 원의 교부금을 받아서 재)나주시천연염색문화재단을 설립하고 절차에 따라 회진초등학교 부지에 천연염색문화관을 건립하기에 이르렀다. 2006년도의 일이다. 이를 계기로 한국천연염색박물관은 국내 유일, 세계에서 가장 규모가 큰 천연염색 전문박물관으로서 천연염색의 메카인 나주 회진에서 운영되고 있다.

그렇다면 천연염색은 무엇이며 천연염료는 어떤 것이 있을까. 천연염색이란 천연염료를 사용하여 실이나 천에 물들이는 것을 말한다. 천연염료는 자연 속에서 채취한 식물성염료와 동물 곤충에서 추출한 동물성염료, 돌이나 흙에서 추출한 광물성염료가 있다. 이렇게 자연에서 얻은 재료를 활용 추출한 염료를 사용해온 인류는 오랜 세월에 걸쳐 경험을 바탕으로 천연염료를 발달시켜 왔다.

우리나라에서는 삼국시대 '삼국사기'와 중국 '동이전 고구려조'에 왕이 오채복(五彩服)을 입었고 대신들은 자색(紫色) 등의 관을 쓰고 황색(黃色) 가죽신을 신었다는 기록 등이 있다. 이렇게 다양한 색상을 이용한 것으로 보아 오래전부터 염색 기술 수준이 높았던 것으로 추정된다.

특히 천연염료 중 영산강 유역에서 재배되고 활용된 쪽 식물은 그 우수성이 뛰어나다. 친환경적 요소를 비롯해 인체에 미치는 건강한 영향은 여러 연구를 통해 밝혀진 바 있다. 나주 회진을 비롯한 다시면에서는 예부터 누에를 키우는 등 직물의 생산과 쪽 등을 염료로 사용한 천연염색이 활발하였다.

따라서 현대에 들어와 샛골나이 국가무형문화유산과 천연염색 국가무형문화유산을 배출했고, 현재도 전국에서 유일하게 지정된 천연염색 국가무형문화유산 지정자가 활발하게 활동하고 있다.

이와 같은 천연염색의 전통을 계승하고 발전시켜 우리 국민은 물론 세계인에게 건강한 친환경 상품을 개발하여 보급하고 있는 거점 역할의 천연염색박물관이 옛 회진초등학교 부지에 들어서 있는 것이다. 참으로 선도적이고 희망이 넘치는 미래 문화가치를 실현하기 위한 중요 동력을 생성하는 플랫폼인 것이다.

나주시의 천연염색은 고품질의 수공예품으로 '나주손(NAJUSON)'이라는 공동 브랜드를 상표 출원하여 명품을 만들어내고 있으며, 천연염색박물관 내 뮤지엄 숍에서 판매하고 있다. 주요 수공예품으로 실크 스카프, 넥타이, 손수건, 속옷, 의류, 침구류 등 다양한 공예품을 포함해 우수한 상품을 만들어내고 있다.

'나주손'에서 만드는 모든 상품은 친환경적으로 만들어지기에 미래 지구촌의 환경위기를 극복하는 데 일조를 하게 될 것이며, 탄소 중립을 실현하고 지구온난화에 대응할 수 있는 가장 효과적인 실천방안이 될 것이다.

이렇게 천연염색의 우수성과 다양성 그리고 미래성을 준비하고 발전시켜나가는 세계적 거점이 회진초등학교가 있었던 한국천연염색박물관이 바로 그곳이다. 문화산업의 중심이자 천연염색의 수도를 자부하는 천연염색박물관에서 필자는 2022년 9월부터 재단 상임이사 겸 박물관장으로 일하게 되었다.

중학 시절부터 광주에서 살아오다가 2008년 고향으로 돌아와 나주의 역사문화발전에 보탬이 되고자 문화 활동을 시작하였다. 나주문화원에서 원장 등을 지내며 열정을 갖고 12년 동안 최선을 다해 능력껏 봉사를 마쳤다.

천연염색의 전통을 계승하고 발전시켜 세계화를 추구하고자 하는 윤병태 나주시장의 목표에 공유하고, 뜻을 이루는데 함께 하고자 새롭게 시작했다. 공적으로는 사명감을 크게 느끼고 있어 가지고 있는 역량을 다 쏟고자 한다.

개인적으로는 소년 시절부터 간직한 추억의 공간 터에서 이제 장년이 되어서 다시 꿈을 펼치고 있는 이곳과의 인연이 여러 감회를 느끼게 한다. 시간과 공간이 공존하며 새로운 꿈을 꾸고 실현하는 곳, 이곳은 영산강을 앞에 두고 월출산을 조망하는 회진의 천연염색박물관이다. 수십 년 전, 설렘을 가득 품고 오갔던 학교 가는 길이다. 이와 관련한 한 편의 시를 소개한다.

<학교 가는 길>
방학이 끝나고 학교에 간다.
논두렁길 신작로에 번갈아
두루 발자국을 남기며
길목 언저리에서 배웅하는 나락은

알갱이를 채우며 나날이 자라는데
소년의 꿈도 몸뚱이도 소갈머리도 얼마만큼은 컸다.

시간을 자양분으로 자라난 강변의 풍경이
더디게 걷는 발걸음을 잠시 붙잡는다.
시간이 소중하다는 것, 소년은 아랑곳없다
손짓하는 싱그러운 초록의 풀잎이 풀꽃이
마냥 좋을 뿐이다.

오랜 세월 유람하듯 지냈다
문화와 문명과 자연의 곁을 무심코 누비며
삶, 마주하는 모든 것이 소중할 즈음
긴 방학을 끝내고 학교 가는 길이다.

소년의 풀잎과 풀꽃은 감성을 조율하며
완숙한 색채(色彩)예술로 다시 태어난다.
쪽빛 하늘을 품었던 회진초등학교 교정
그 자리, 잠애산에 기댄 채 새로 들어선
천연염색박물관이 단걸음에 마중한다.

흩어진 추억이 모인
그날의 색체(色體)를 뿜어내며.

걸으면 세상이 보인다

임정희 | 재독 EU 정간호사

　나는 2016년 10월 퇴직하면서 두 대인 우리 자동차를 한 대로 줄이고 싶었다. 우리 집 위치가 본 중심지에 있어 교통이 편리하다. 몇 분만 걸으면 지하철역이 있고 버스정류장이 있다. 7년 전, 2017년 11월에 본에서 '유엔 기후회의'가 있을 당시, 집에서 4분 거리에 '유엔 캠퍼스' 역이 추가되었다. 회의에 참여한 세계인들에게 편리를 도모하고자 정부가 신속하게 만들어 낸 '본중앙역' 바로 뒤의 기차역이다.
　남편은 폭스바겐 '스테이션 왜건'을 탔었고, 정원에서 생겨나는 나뭇가지 등 정원 폐기물 처치 장소인 공동묘지까지 운반하는 데 필요하다며 보류를 주장했다. '폭스바겐 폴로' 소형차는 내가 일주일에 한 번씩 아직 직장 일을 했었고, 음료수 등 무거운 물건들을 운반하는데 필요했다.
　어느 날 남편의 자동차에 문제가 생기기 시작했다. 비가 오면 자동차

안에 물이 고이는 것이었다. 두 번이나 자동차 수리점에 맡겼지만 문제가 해결되지 않았다. 비만 와서 자동차를 말리는 일은 내 몫이 되었다. 시간을 낭비하는 헛수고는 몇 년간 지속되었다. 언제부터인가 차 안에 곰팡이 냄새가 나기 시작했다. 건강에 위협을 주는 일이라 남편을 설득시켰지만 설득이 되지 않았다.

남편은 근무력증과 파킨슨병으로 점점 높이가 낮은 차를 오르고 내리기 힘들어했다. 나는 남편을 힘껏 자리에 앉힌 다음 다리를 차에 밀어 넣어 장착시키고, 내릴 때도 힘껏 다리를 끌어 내린 후 몸을 앞으로 당겨서 일어서게 하기까지의 힘든 과정을 테라피 치료가 있을 때마다 반복을 해야 했다. 뿐만 아니라 쇼핑할 때도 남편을 혼자 둘 수 없어 그때마다 힘든 과정이 계속되었다.

그러던 중 나는 온 힘을 다해 다시 한번 남편을 설득시켰다. 내가 건강해야만 당신을 집에서 계속 간병할 수 있다는 강력한 권유가 결국 받아들여졌다. 결과로 2024년 올해 6월에 장애인이 쉽게 차에 오르고 내릴 수 있는 '폭스바겐 티크로스'를 사게 되었다. 여러 차를 경험치 못한 나에겐 보통 럭셔리가 아닐 수 없다. 거의 자동으로 가는 차이다. 운전 보조 시스템이 장치되어 있는 차라서 키만 켜면 거의 저절로 타게 된다. 이젠 불을 켜고 끄지 않아도 된다. 등등

무엇보다 향상된 것은 남편이 쉽게 차에 오르고 내릴 수 있다는 점이다. 자리가 높아서 다리만 밖으로 내딛으면 서게 된다. 이젠 내 허리를 굽히지 않아도 된다. 좌석에는 도는 방석이 깔려서 몸을 쉽게 돌릴 수도 있다. 이젠 세상이 달라진 느낌이다. 모든 것이 새롭고 편리해졌다.

남편을 간병한지도 7년째이다. 거의 6년간은 간병을 할 수 있다고 생각했다. 약 1년 전부터 남편의 병이 더 악화되었다. 밤에 잠을 자지 못하고 헛소리를 하며, 목이 자주 말라 도움이 더 필요했다. 많이 마시니 자주 화장실을 찾게 되고 요실금 팬티도 밤에 두 번은 갈아 주어야 한다. 따라서 나는 숙면을 못하게 되었다. 그러다 보니 나의 면역력이 바닥이 나고 스트레스로 인한 만성 위장염과 디스크가 빠져 나가는 등 건강에 적신호가 나타났다.

참 기적 같은 일이 일어났다. 이상하게도 경찰을 기다리는 중에 '도로'에게서 전화가 왔다. 남편이 지금 꼭 나와 얘기를 해야한다는 것이었다. 전화를 바꾸어 남편의 목소리에 귀를 기울였다. 흥분된 목소리로 어디 있으며 괜찮느냐 라고 물었다. 그리고 언제 도착하는지 알고자 했다.

그 질문은 나를 깜짝 놀라게 했다. 우리의 마음이 텔레파시로 통하고 있었음을 느꼈다. 사고가 난 순간 남편이 이 사실을 안다면 어떻게 반응할까? 라는 염려가 있었다. 그것도 새 차이니 말이다. 모든 것이 부서지고 망가진 느낌이었다. 호텔에도 전화로 연락을 해서 오던 중에 교통사고로 지체됨을 알리고 오후 3시 이후에 도착할 것이라고 전했다.

집을 나서기 전 마음이 무거웠었다. 누가 나를 좀 데려다 주었으면 하는 느낌이었다. 그러나 그 마음을 전할 수 있는 사람이 내 옆에 없었다. 그 생각은 훨씬 이전부터 내 마음에 있었다. 쉼을 받고 싶은 마음, 안기고 싶은 마음! 사고가 난 후에 서야 정신이 나서 내 머리를 스쳐가고 있었다. 다행히 이제라도 의식상태로 올라와 글로나마 표현할 수 있어서 다행이라고 생각된다.

6일 동안의 간병 휴가는 나 자신을 다시 찾는 시간이었다. 날마다 비가 왔고 흐린 날씨의 연속이었으나 잠을 잘 수 있었고 나 자신을 돌볼 수 있는 시간이었다. 호텔에 도착하자마자 나의 교통사고 소식을 전해 들은 한 여자분이 조심스럽고 친절하게 나를 맞이했다. 나의 사정을 듣고 난 후 자기도 풍에 걸린 남편을 집에서 간병하고 있음을 얘기했다. 서로 사정이 같은 처지라 통하는 것이 있었다.

　도착한 날 월요일은 몸이 떨리는 것을 느끼며 잠에 들었다. 그러나 오랜만에 깨어나지 않고 아침까지 잠을 잘 수 있었다. 화요일 수요일 이틀은 그냥 호텔방에서 지내며 수영도 하고 사우나도 했다. 목요일 아침에 아침 식사를 마치고 처음으로 숲에서 부르는 소리를 듣고 산으로 향했다. 한 걸음 한 걸음씩 숲을 딛는 내 발자국 소리를 들으며 우거진 '아이펠' 산속 바람 소리 새소리에 귀를 기울였다. 다시 오라는 소리 같았다. 금요일 아침에는 힘이 생겨 '아이펠 마르'를 돌고 오고자 했다. '게문드 너마르'와 '바인펠더마르'는 가까이 있어 두 곳의 둘레를 함께 돌고자 계획하고 나섰다. 약 5시간 걸려서 다시 호텔로 돌아왔을 때는 목도 마르고 배도 고팠으며 다리도 떨렸다. 그러나 나의 컨디션이 아직 괜찮음을 테스트하는 기회였다.

　호텔에서 제공해 주던 '웰니스 프로그램'도 나를 안아주는 어머니의 품과도 같았다. 아침 식사와 저녁 식사만으로도 충분히 배가 불렀다. 타인이 해주는 밥이 맛있었다.

　간병 휴가를 6일간 보내고 집에 돌아오니 남편과 '도로'가 반갑게 맞이하여 주지 않는가! 도로는 12월에 다시 6일간 남편을 간병해주기로 약속했고, 내년에는 2주간 간병 휴가를 내서 고향에 다녀오라고 했다. 내 마음의 짐이 내려지는 듯한 순간이었다.

다시 일상생활로 돌아와 해야 할 일은 자동차 수리를 맡긴 후 승용차 없이 대중교통을 이용하는 일이다. 늘 차만 타고 다니던 나에게 새로운 경험의 기회가 되었다. 대중교통 노선을 알게 되었고, 그것이 얼마나 섬세하고 편리하게 되어 있는지를 알게 되었다. 차를 타는 대신 '걸으며' 발견하게 된 몇 가지를 적어 보려고 한다. 물론 장애가 있는 남편에게는 불편하기 짝이 없다. 그래서 또한 불평을 한다.

'걸으며' 얻은 느낌과 생각들이 오늘 아침 이글을 쓰게 된 동기가 되었다. 이 글을 쓰기 이전에는 글을 쓸 여가가 없었다. 그러나 이젠 모든 것을 내려놓고 오직 한 가지 일에만 몰두했다. 어떻게 이곳에서 저곳으로 갈 수 있는지, 얼마나 걸리는지, 언제 떠나야 하는지를 알아내고 주의하는 것이다. 그런데 '걸으면' 여가가 생기는 것을 느낀다. 여러 가지 아이디어도 떠 오른다.

'걸으면' 느림과 태만의 중요성을 알게 되었다. 천천히 걸으면 여유가 생기고 문득문득 생각나는 것들이 있다. 기쁨이 생겨나고 몸이 펴지고 마음도 펴진다. 파란 하늘이 보이고 천고마비의 가을이 보인다. 아름답게 물든 가로수들이 보이고 산에는 단풍들이 보이고 즐거워하는 내가 보인다. 세상이 아름다워 보인다.

차를 타지 않고 대중교통을 사용하니 환경보호가 된다. 몸과 정신 건강에도 큰 이익이다. 오늘은 2024년 10월 17일 목요일이다. 남편의 근육과 온몸의 건강 향상을 위해 온몸 체조를 개인적으로 받는 날이다. 다른 날보다 좀 일찍 집을 나선다. 미리 설치해둔 '무브잇' 앱을 통하여 갈 시간을 알아낸 다음 여유를 지니고 집을 나섰다.

버스로 두 정거장을 지난 후 치료장소 앞에서 내렸다. 시작은 10시 30분인데 15분 전에 도착하고, 치료자가 남편을 데리러 올 때까지 여유롭게 환자의 치료비를 계산한 후 운동화를 신겨주고 5분 걸리는 라인강으로 향했다. 차가 있었다면 다시 집으로 가서 집안일을 했을 것이다. 그리고 차를 타고 다시 남편을 데리러 왔을 것이다.

그러나 이번엔 라인강에서 출렁거리는 물소리는 들으며 이 글을 쓰고 있다. 짐을 나르는 긴 배가 고동 소리를 내며 라인강의 근원지인 '보덴제' 쪽으로 올라가고 있다. 나루터에 갈매기들이 나를 보더니 어디론가 날아서 떠났다.

올해 들어 처음으로 라인강 물속에 발을 넣고 족욕을 했다. 물이 차서 3분밖에 할 수 없었지만 머리가 맑아지는 느낌이다. 라인강 나루터에 아름답게 물든 단풍나무가 물속에 잠겨 있다. 요사이 독일에 비가 많이 와서 물 수치가 올라와 있음을 발견한다.

소리의 길, 광대의 길

임진택 | 창작판소리 명창, 마당극 연출가

2024년 올해로 나는 '창작판소리'라는 분야에 있어 50년이라는 세월을 돌이켜보고 있다. 나는 원래 전공이 국악 연행예술과는 전연 관련 없는 정치외교학이었고, 내가 전통 판소리 공연을 처음 본 것 역시 50년 전인 1974년 초겨울이었다.

연극배우 추송웅 선배가 명동에 '까페 떼아뜨르'라는 극장식 카페를 개관했는데, 거기서 기획된 행사 중 판소리 명창 초청공연이 있었다. 당시는 판소리라는 우리 전통예술이 거의 사라져가던 때로, 다행히 무형문화재 제도가 막 생겨서 보존 차원에서 명창들의 공연을 접하는 기회가 만들어졌다.

기실 그러한 기회는 1973년 한창기 선생이 선구적으로 기획한 '브리태니커 판소리 감상회'가 있었지만 놓쳤고 다음 해에야 까페 떼아뜨르에서 정권진 명창의 「수궁가」를 목격한바, 체구도 작고 연기 이론을 알리 없는 그분이 펼쳐 보인 「수궁가」에 나는 포복절도(抱腹絶倒)하며 완전히 빠져들었다. 그 공연을 보고 나서 나는 서울대 연극회 후배들에게 이렇게 자랑했다.

"나 어제 '세계 최고의 모노드라마'를 봤다."

돌이켜보면, 내가 빠져들었던 판소리의 세계는 '성악적 기량' 이전에 '판의 역동성'에 우선 있었다. 내가 이후 창작판소리 분야에 있어 '판소리 명창'을 지향하기보다 '소리판 광대'를 자처하게 된 최초의 미적 계기를 바로 이날 체험했다.

내가 판소리라는 종목에 관심을 끌게 된 최초의 계기는 1970년 김지하 시인의 담시 「오적」을 읽고 나서였다. 「사상계」 잡지가 폐간될 만큼 엄청난 필화사건을 불러일으킨 문제의 「오적」 필사본을 몰래 읽어보는데, 나도 모르게 저절로 장단을 타면서 읊조리기 시작했다.

"어허! 이게 뭐지? 문장 안에 장단이 내재해 있네!"

그러나 당시 나는 판소리를 들어본 적도 없었기 때문에 「오적」을 판소리로 만들어보겠다는 생각 같은 건 하질 못했다. 그러다가 1972년 김지하 시인이 다시 3부작 담시 비어(蜚語)를 발표했는데, 그 안에 들어있는 「소리내력」이라는 사설이 내 뇌리에 와서 꽂혔다. 읽고 또 읽다 흥이 나서, 그 긴 담시를 줄줄 외워서 흥얼거리고 다녔다.

그러다가 1974년 민청학련 사건으로 서대문구치소에 갇혀있을 때 감방 안에서 죄수들 앞에서 20분이 걸리는 이 「소리내력」을 줄줄 낭송한바, 판소리를 배워보기는커녕 접해보지조차 못한 상태에서 낭송한 이 강창(講唱)이 나의 창작판소리 인생의 시작이 될 줄은 나도 몰랐다.

감옥에서 나온 나는, 김지하 선배가 호송차에서 유언처럼 부탁한 '문화운동'을 수행하고자 요리조리 궁리하다가, 판소리를 제대로 배워 당시 「오적」과 「소리내력」을 부르고 다니는 것이야말로 가장 가까운 '문화운동'이 될 수 있겠다고 판단하였다.

그 해 정권진 명창의 「수궁가」를 목격한 다음 날 석관동 선생댁을 수소문해서 찾아갈 때 내가 들고 간 문건은 김지하 당시 「오적」 필사본이었다. 선생은 갑자기 찾아온 이 청년, 서울대학교 졸업을 앞두고 있으며 얼마 전 KAL(대한항공)이라는 손꼽히는 회사에 취직했다는 이 청년이 찾아온 이유가 잘 가늠이 안 되는 듯, 조심스레 물었다. "판소리는 왜 배우려고 하시는가?"

내가 답했다. "여기 「오적」이라는 담시가 있는데, 이걸 판소리로 만들어보려고 합니다." 선생의 태도와 눈빛에서 나는 선생의 머릿속에 여러 생각들이 복잡하게 착공하고 있음을 느꼈다. 요약하면 아마 이런 생각이었을 게다.

"판소리가 쇠퇴해서 제자 구하기가 쉽지 않은 터에, 서울대 졸업을 앞둔 웬 청년이 찾아왔다? 판소리를 중흥시키려면 이런 학식 있는 남자 제자가 꼭 필요한데, 이 청년은 전통을 그대로 고수하는 것이 아니라 어쩌면 파문당할 일을 저지를 가능성이 있다. 어찌할까?"

그런데도 선생은 나를 제자로 받아들이셔서 1년 만에 본격 전수생으로 발탁해 주셨다. 당시는 대학에 판소리 전공 학생이 아예 없었을 뿐만 아니라, 대학생 또는 대학 졸업생으로서 판소리를 접해본 사람조차 없던 때였다.

돌아보면 나는 판소리사 전체에서, 판소리계 전체에서, 대학생 출신으로 판소리를 배우러 간 최초의 '비가비'(조선시대 양반 또는 유생 출신의 광대)이다. 그리하여 5년간 명창 정권진 선생님께 보성소리 박유전 판 강산제 「심청가」를 사사하고 김세종 판 「춘향가」 몇 대목을 배운 것은 정말 행운이었다. 고백하건대 나의 소리 기량과 창작역량이 모두 여기에 기반을 두고 있다.

내가 세간으로부터 '광대'라는 칭호를 받은 것은 창작판소리 「똥바다」로 해서 생겨난 것이다. 「똥바다」 역시 김지하 시인의 담시가 원작인데, 80년대 중반 대학가를 중심으로 한 시대를 풍미한 작품이다. 돌아보면 80년대 초반 대학가를 완전히 휩쓴 전통연희 공연이 있었던바, 공옥진 선생의 이른바 '창무극 심청전'이었다.

창무극은 판소리를 위주로 한 구성임에도 정작 판소리계에서는 별로 인정하지 않으려는 분위기가 있었으니, 그것은 판소리 또는 소리판에 대한 미학적 견해의 차이로부터 비롯된 것이었다. 하지만 당시 대학가 축제 행사에 인간문화재 판소리 명창을 초청하면 100명 관객도 모으기 어려운 터에, 공옥진 선생을 초청하면 대학마다 수천 명의 관중이 운집하는 놀라운 일이 벌어졌다. 그것은 소리판이 분출

하는 '약동하는 판'의 미학이 판소리가 지닌 '득음의 경지'를 압도한 하나의 예라 할 수 있다.

공옥진 선생의 공연을 목격한 나는 매우 착잡한 심정이 되었다. 우선은 정통 판소리만으로는 현대의 관객에게 다가가기 쉽지 않다는 현실이 확실히 비교되고 있었기 때문이고, 다른 하나는 공 선생 창무극의 대두

와 각 대학 당국의 전폭적 지원의 배후에는 공 선생 자신은 알지 못한, 당시 5공화국 정권이 추진하고 있는 은밀한 국수주의적 문화정책이 숨어 있었기 때문이다.

나는 창무극 못지않은 파격적인 판소리 양식을 구사하는 동시에 그러한 관변 문화정책과는 다른 진정한 민족주의적 문화풍토를 일구어낼 작품을 발굴해야 했다. 거기서 찾아낸 작품이 김지하 담시 「분씨물어(糞氏物語)」였고 원작자와 상의하여 제목을 「똥바다」로 바꾸게 된다. 「똥바다」라는 제목은 당시 화제를 불러일으키고 있던 북한의 혁명가극 「피바다」를 패러디해서 가져온 제목이다. 발상은 이러했다. "북한이 피바다라면 남한은 똥바다이다. 북한이 대규모 무대공연을 앞세운다면 남한은 단출한 광대 공연으로 맞선다."

김지하의 담시 「분씨물어(糞氏物語)」는 그 문체가 초현실주의에 가깝다. 특히 작품의 후반부 <삼촌대(三寸待=좆도 마 떼)가 똥을 내 싸질러 세상이 온통 똥으로 뒤덮이는 대목>은 환상적이고 기괴한 초현실주의적 기법으로 가득 차 있다. 그것을 판소리로 짜기 위해서는 문장을 대폭 삭제하거나 수정하지 않으면 안 되었는데, 돌이켜보면 맨정신으로는 도저히 작창이 안 나오다가 몇 날 며칠 술 마시던 중 어느 날 번뜻 비몽사몽간에 파격적인 작창이 떠올랐던 생각이 난다.

그리하여 이 작품으로 전국 대학가 순회공연을 시작했는데, 학교 당국의 비협조 속에 음향시설도 없거나 아주 취약한 상태에서 수천 명 대학생 관중을 상대로 포효했던 그 장면은 전통 판소리 무대공연에서는 상상조차 하기 어려운 '약동하는 판'의 현장이었다. 이 작품으로 나는

'우리 시대의 광대'라는 과분한 칭호를 받은 최초의 비가비 소리꾼이 되었다.

창작판소리「오월 광주」는 내가 직접 사설을 쓰고 작창하여 소리한 최초의 작품이다. 이 작품의 원본은 작가 황석영이 기록한 <죽음을 넘어 시대의 어둠을 넘어> 이다(이 책의 원 기록자로 다른 이가 있었음이 후에 밝혀졌다). 그러니까 이 책은 '10일간의 광주항쟁에 대한 기록'이고, 내 판소리 역시 '10일간의 광주항쟁에 대한 서사'이다.

판소리「오월 광주」는 몇 가지 점에서 구별되는 사안이 있다. 하나는 내용의 문제로, 대개의 판소리 줄거리가 사람이건 동물이건 주인공이 있어 그 생애를 따라가는데 이 작품은 주인공이 따로 없고 줄거리가 사건의 서사를 따라간다는 점이다. 다른 하나는 작창의 문제로, 판소리의 기본 장단인 중모리장단이 이 작품의 서사를 음악적으로 받쳐주고 있다는 사실이다. 비교하면, 김지하 담시가 대부분 잦은모리 타령 장단 위주로 짜여있음에 비해「오월 광주」는 중모리장단이 서사의 기본으로 자리를 잡고 있다.

이것은 김지하의 담시가 풍자적 엮음 사설 위주로 되어있음에 비해「오월 광주」의 사설에서는 사건 전개의 서사와 상황 판단의 대화 등이 차지하는 비중이 크다는 것을 의미한다. 이를테면 김지하의 담시가 운문이라면, 황석영이 기록한 <죽음을 넘어 시대의 어둠을 넘어>는 산문이며, 이에 바탕을 둔「오월 광주」의 사설 역시 산문에 가깝다(사실은 산문적 운문과 운문적 산문이 혼용되어 있다).

또 하나 판소리「오월 광주」의 특징은 '장면의 시각(視覺)화'에 있다고 볼 수 있다. 나는 이 작품을 작창하는 과정에서 '소리는 듣는 것이 아니라 보는 것'이라는 한 차원 높은 감각을 감지할 수 있었다. 그리고 보니 옛사람들이 "판소리에 이면(裏面)이 있다"라거나 "이면이 좋아야 돼"라든가 또는 "이면을 잘 그려야 한다"라고 한 말이 전혀 헛말이 아니었다.

소리는 '부르는' 것이 아니라 '그리는' 것이라는 뜻인데, 달리 말하면 바로 '장면의 시각화'이다. 나는 판소리 「오월 광주」를 작창하면서 '장면을 눈으로 보듯 그려내는' 소리의 경지를 체험한바, 그리하여 '판소리는 영화이다.'라는 명제까지 나아갈 수 있었다. 그런데 가만 생각해보니, 이 '넘어 사설'의 최종 기록자인 황석영 작가의 소설적 특징이 바로 '장면을 눈으로 보듯 그려내는 문체'에 있지 아니하던가? 황석영의 기록을 원본으로 해서 각색하다 보니 그의 장기(長技)인 '영화적 문체'의 특징이 오롯이 드러나는 뜻밖의 성과가 더해졌다.

1990년에 「오월 광주」를 만들어 공연한 후 나는 오랫동안 창작판소리를 떠나서 있었다. 무엇보다 김영삼 문민정부가 들어선 이후 정세가 변해서, 그동안 일정한 역할을 해왔던 투쟁적 성격의 민중예술이 지향점을 잃고 있었다.

나는 한동안 민예총의 사무처장·사무총장 역할을 맡아 하면서 민족예술진영의 활로를 모색하다가, 1994년 동학농민혁명 100주년 기념사업을 진두지휘한 것을 끝으로 사실상 민예총을 떠난다. 그리고는 투신한 분야가 지역 예술축제이다. 1997년 과천 세계마당극 큰잔치로 시작해서, 2002년 전주세계소리축제, 남양주 세계 야외 공연 축제. 통과의례 페스티벌, 2004년 경기도 실학 축전, 2005년 김해가야세 계문 꽃대던 등

지역 예술축제를 일구는 일에 10년 가까이 공을 들였다.

그때 내가 내놓은 주장이 "페스티벌이야말로 현대의 마당굿이다."라는 명제였다. 그때 일군 축제 중에는 지금 남아있는 것보다 없어진 것이 더 많고, 남아있는 것 중에도 처음의 개최 의도와 목표에서 이제는 많이 달라져 있는 모습에 애증이 교차하고 있다. 지역축제 집행 과정에서 나는 관료들 혹은 관료주의와 부딪치고 지역 토착 세력과 갈등하면서 재정 손해도 많이 보고, 건강도 상하고, 마음의 상처도 적지않이 받았다.

그러다가 2010년 내 나이 환갑을 넘으면서 회한이 몰려오기 시작한 바, 무엇보다 아쉬운 일이 정작 예술가로서 내 작품이 별로 없다는 사실이었다. 자괴감을 느낀 나는, 내 생애 남은 기간 창작판소리 열두 바탕을 만들겠노라는 담대한 서원(誓願)을 세웠다. 그리고는 한국 현대사 인물 중에서 가장 먼저 선택한 인물이 <백범 김구>였다.

창작판소리「백범 김구」는 3시간 분량의 3부작이다. 1부는 빼앗긴 나라, 2부는 대한민국 임시정부, 3부는 갈라진 나라이다. 1부는 작금의 중견 명창 왕기석이 맡았고, 2부는 그와 형제인 왕기철 명창이 맡았고, 3부는 내가 직접 맡아 소리를 했다. 지금까지 십수 차례의 완창 공연했는데, 각지의 공연장마다 늘 만석이었고, 세 시간이 넘는 공연 시간에도 빠져나가는 관객이 거의 없었다.

작품의 완성도와 흡인력을 증빙하는 사례인바, 창작판소리「백범 김구」는 그 문학성과 음악성에 있어 옛 판소리 다섯 바탕에 못지않은 또한 바탕의 판소리임을 자부한다. 이 작품의 제작에는 김구재단의 지원이 큰 도움이 되었다.

창작판소리 「남한산성」과 「다산 정약용」은 경기도의 지원을 받아 제작한 작품들이다. 사람들이 김훈 작가의 <남한산성> 소설을 떠올리며 그것을 각색한 것이냐고 묻곤 하는데, 전혀 그렇지 않다. 김훈 소설의 우수성은 나도 인정하고 있거니와, 기본적으로 현대의 소설 문체와 판소리 문체는 전혀 다른 것이어서 소설을 각색하는 방식으로는 판소리 사설이 나오지 않는다는 사실에 유의하자. (아, 오해가 있을 수 있으니 덧붙여 말하자면, '판소리'는 근원적으로 '이야기'이다. '이야기의 음악화'이며 '이야기의 입체화'이다. 따라서 옛 이야기 소설은 그 자체로 판소리가 될 수 있거니와, 도리어 실제의 판소리 역사는 판소리로 먼저 불리던 것들이 이야기 소설로 정착되었다.)

판소리 「남한산성」의 주인공은 산성(山城) 그 자체이다. 남한산성의 시각으로 역사와 사건을 바라보고 있기 때문이다. 이 작품의 전개는 '판소리로 풀어낸 남한산성의 역사'이며, 주제는 항쟁파와 주화파의 대립을 통한 '전쟁과 평화의 변증법'이라 할 수 있다. 2시간 규모의 2부작으로 1부는 젊은 소리꾼 한승석이 맡았고, 2부는 내가 직접 맡아 소리하였다.

창작판소리 「다산 정약용」은 주인공 정약용 형제의 파란 만큼이나 굴곡이 있었던 작품이다. 이 작품을 제작 시연할 무렵 나는 위암 판정받았다. 위암 수술을 받기 전 혹시라도 성대에 이상이 있을지도 모른다는 염려에 일단 「백범 김구」 판소리 녹음을 서둘러 마쳐두었다.

수술 결과 목청에는 지장이 없음을 확인하고 이제 「다산 정약용」 시연을 진행하는데, 아무래도 기력이 딸려 나는 '아니리'(판소리에서 말로 이야기하는 부분)만 맡고 소리는 송재영, 이재영 두 명창에게 맡겼다.

그런데 그렇게 하다 보니 저절로 일종의 분창(分唱) 또는 입체 창이 이루어지는 것 아닌가? 궁즉통(窮卽通)이라고,「다산 정약용」은 창작판소리의 다양한 전개 방식을 모색게 하는 뜻밖의 활로가 되었다. 거기다 민요적 양식을 도입해서 천자문 타령을 관객들에게 가르친다거나 책 타령을 관객 모두 함께 따라부르게 한다거나 하는 등의 참여를 유도한 것도 재미있고 효과적이었다.

「다산 정약용」판소리 제작을 위해 신낙균 전 문화부 장관님이 경기도와 협의해 주시는 등 앞장서 주셨고, <다산연구소> 박석무 이사장께서 관심 두고 조언해 주시고 지켜봐 주셨다.

건강이 제법 회복될 무렵 새로 착수한 작품이「세계인 장보고」이다. 어느 날 김성훈 전 농림부 장관으로부터 연락이 왔다. 김 장관님 말씀이, 90년대에 미국에 거주할 때 자동차로 몇 시간씩 이동하는 중에 임진택의「오월 광주」CD를 수없이 들으며 감동하고 눈물 흘렸다는 것이다. 그러면서 자신이 장보고라는 인물의 역사적 복권에 선구적 역할을 해온 바, 장조고 이야기를 판소리로 꼭 만들고 싶다는 것이었다. 그리고는 곧바로 장보고의 고향인 완도군과 연결해 지원사업을 성사시켜 주셨다.

장보고는 신라시대 역사에서 반역자로 낙인이 찍혔던 인물이다. 그의 복권은 현대 한국의 경제발전 선상에서 해상왕·무역 왕으로서의 재발견에 연계된 것으로, 대중들에게 널리 알려지기는 TV 드라마 해신(海神)의 영향이 컸다. 하지만 나는 장보고에 대한 평가가 해상왕·무역 왕으로 국한되는 것에 이의를 제기했고, 김성훈 장관 님은 자신도 그렇게 생각하고 있다면서 '세계인'이라는 탁견을 제시해 주셨다.

이 작품의 기획과 공연을 위해 완도까지 여러 번 왕래해야 했는데, 서울에서 꼬박 하루 걸려야 갔다 올 수 있는 거리였다. 바쁜 중에 완도 특산물 전복을 꽤 많이 먹었고, 덕분에 건강이 많이 회복되었다.

이어서 손댄 작품이 「윤상원가」이다. 「오월 광주」의 속편이라고 볼 수 있겠는데, 이는 윤상원에 대한 그리움으로부터 비롯되었다. 윤상원은 나의 벗이자, 나 말고 <소리내력>을 강창한 또 한 명의 광대였다.

1990년에 만든 판소리 「오월 광주」는 10일간의 광주항쟁 서사로서, 주인공 인물이 특별히 주목받아 있지 않다. 작품 후반부가 되어서야 인물들이 하나둘 등장하고, 말미에 전남도청의 마지막 밤이 되어서야 윤상원이 주목받는다. 나는 항쟁의 사건 서사가 아닌 윤상원 일대기를 다시 판소리로 만들기로 작정했다.

윤상원의 일생에서 중요한 몇 가지 활동이 있었다. 들불야학, 녹두서점, 극단 광대, 전민노련 등이다. 특히 들불야학에서의 박기순과의 만남은 운명적이다. 1978년 불의의 사고로 먼저 세상을 뜬 박기순과 1980년 광주항쟁의 마지막 밤을 지키다 산화한 윤상원의 영혼결혼식이, 1982년 남은 동지들에 의해 치러졌기 때문이다. 이때 나온 노래가 그 유명한 <임을 위한 행진곡>이다.

앞서 밝혔듯 윤상원은 나 말고 <소리내력>을 강창한 또 한 명의 광대였다. 상상컨대, 1980년 5월 27일 새벽, 계엄군의 진압차가 굉음을 내며 도청을 향해 달려들어 올 때 윤상원은 도청 내부 허름한 벽에 기대어 분명 외롭게 <소리내력>을 읊고 있었을 것이다. 광산 집에 계신 어머니 아버지에 대한 불효를 자책하면서 결사 항전을 다짐했을 것이다. 그 장면을 연상하면서 나는 작품의 마지막 대목을 대위법(對位法 - 두 개의 선율이 동시에 진행되는 작곡법)으로 짰고, 공연 때는 벗 상원을 생각하며 울면서 소리했다.

그다음에 착수한 인물이 <전태일>과 <안중근>이다. 나는 우리 근현대사에 두 명의 '조선의 예수', '한국의 예수'가 있었다고 생각한다. 내가 존경하는 훌륭한 목사님과 신부님들이 더 계시지만, '예수'가 되기 위해서는 순교(殉敎)라는 조건이 필수적이다.

전태일은 1970년 그가 분신했을 때부터 내 마음속에 각인된 인물이다. 진즉부터 전태일을 연극 작품으로 만들어 기리겠다는 생각을 해왔지만, 분신 50주년이 되는 2020년에야 겨우 판소리로 소명을 이루어냈다.

내가 전태일의 생애를 상세하게 알게 된 것은 조영래 형이 쓴 전태일 평전을 읽고 나서였지만, 작품을 쓰기 위해 찾아본 전태일 자신의 수기와 편지 등은 그보다 더 큰 감동을 주었다. 학교를 제대로 다니지 못했을 뿐, 스물두 살 전태일의 생각과 의지는 당시의 대학생들보다 훨씬 더 어른스럽고 올바르고 선지적인 것이었다.

<전태일> 판소리는 노조와 노동자들의 협력으로 성사된 소중한 작품이다. 기아자동차와 현대자동차 노조가 십시일반 제작비를 모금하여 지원함으로써 초동 작업이 가능했고, 거기에 노동자 소리꾼들이 함께 출연하여 의의를 배가시켰다. '입체창' 시도를 했다는 점에서도 적절한 측면이 있었으며, 열악한 조건에서 별도로 추진한 영상작업도 완료되어 전태일 정신의 계몽과 재정 확보에 일조했음을 기쁘게 생각한다.

「안중근歌」는 원래 해방 직후 1945년경 신작 판소리의 태두 박동실 명창에 의해 작창된 단형(短形)의 판소리가 기왕에 전해온다. 이준·안중

근·윤봉길 세 의사(義士) 또는 열사(烈士)의 거사와 죽음을 다룬 연작 열사가(烈士歌) 중 한 작품으로, 25분 정도 걸리는 분량이다.

그런데 1945년은 안중근 의거로부터 불과 36년 지난 시기임에도, 안중근에 대한 자료수집 자체는 충분하지 않았던 것 같다. 오히려 한참 세월이 흐른 뒤에야 안중근이 옥중에서 집필한 <안응칠 자서전>이 일본에서 발견되었고, 안중근의 동양 평화론에 대해서는 아직도 제대로 된 해석을 하지 못한 채 미완으로 남아있다.

<안응칠 자서전>에 의하면, 안중근은 독실한 천주교 신자였다. 젊은 시절 한때 프랑스인 신부를 따라다니며 전도사 노릇을 하기도 했다. 이토 히로부미를 사살한 후 붙잡혀 재판받고 처형을 앞둔 시기에 어머니 조마리아 여사와 주고받은 편지를 보면, 이들 모자(母子)가 얼마나 신앙심이 깊었는지를 알 수 있다.

안중근의 거사(擧事)와 죽음은 순국(殉國)이면서 순교(殉敎)였다. 내가 새로 창작한 판소리 「안중근」은 그러한 실제 자료와 해석을 보완한, 이를테면 하얼빈 거사가 이루어지기까지의 갖은 고난과 신념과 숨은 내막을 드러내면서 아울러 그의 신앙인 천주교와의 관계를 숨김없이 담아낸 작품이라 할 수 있다.

이 작품에서 내가 가장 심혈을 기울여 작창한 대목은, 이토가 북만주를 시찰하러 온다는 정보를 입수한 안중근이 10월 21일 밤 블라디보스토크역을 출발하여 하얼빈으로 가서 채가구까지 갔다가 다시 돌아와 10월 26일 새벽 하얼빈역에서 이토를 사실 하기까지 5박 6일간의 긴박한 상황을 아니리 없이 장단을 계속 바꿔 전개한 장면이다. 잦은모리로 시작해서 중머리 → 엇중머리 → 잦은모리 → 중머리 → 엇모리로 끝나는 이 대목은 마치 영화를 보는 것처럼 연속된 장면이 생생하게 눈 앞에 펼쳐지는 효과를 발휘한다.

동학 농민 혁명사를 판소리로 짜보겠다는 생각을 한 것은 꽤 오래전 일이다. 1982년 친구 김민기가 동학혁명을 다룬 <멈춰선 저 상여는 상주도 없다더냐> 라는 연극을 만들어 공연할 때 갑작스레 나에게 도창(導唱)을 부탁해 왔고, 그래서 부랴부랴 '안핵사 만행 대목'과 '황토현 전투 승리 장면' 두 대목을 판소리로 짜서 출연한 적이 있었다.

당시 광주항쟁 직후의 정치적 상황에서 엄청 무거운 분위기의 작품인지라 관객들이 숨이 막히던 차에, 내가 짠 풍자적이고 골계적인 판소리 대목들이 뜻밖에 관객들 숨통을 터주는 역할을 했던 것으로 기억한다. 그때만 하더라도 '창작판소리'라는 장르는 누구도 상상하지 못하던 시기였는데, 나는 그 도창 이후 동학농민혁명을 한바탕 판소리로 담아내는 일이야말로 나에게 주어진 필생의 과제라고 생각해 왔다.

내가 동학 판소리 작업에 구체적으로 손을 댄 것은 1994년 동학농민혁명 100주년이 되던 해였다. 나는 그 해, 동학농민혁명을 오늘에 다시 기려야 한다는 사명감에 전주와 정읍의 동학 후예들, 그리고 전국의 민예총·민극협 동지들과 함께 '동학 100주년 기념사업'을 추진한 바가 있다.

그 사업의 핵심이 이른바 <고부 봉기 역사 맞이 굿>이었고, 나는 그 사업의 총기획자였음을 지금도 자랑스럽게 생각하고 있다. 그 해 나는 '동학 판소리' 창작 작업에 본격적으로 손을 댔으나 작품을 완성하지 못한 채 지나가고 말았다. 너무 바쁘기도 했지만, 무엇보다 내공(內攻)이 부족한 탓이었다.

그러던 나에게 결정적인 계기를 던져준 문건이 바로 전봉준 공초 기록과 '전봉준 판결 선언서'였다. 전봉준 공초 기록은 전봉준 자신이 구술하여 남긴 유일한 자료라는 점에서 막중한 가치를 지니고 있음에도 한편으로는 배후에 일본 영사의 숨은 의도가 있을 터이므로 전봉준의 진술 내용에 대한 진위(眞僞)가 고려되어야 한다는 점 때문에 신중할 수밖에 없던 자료이기도 하다. 나는 '전봉준 판결 선언서'야말로 내가 찾고 있던 '판소리 동학농민혁명사'의 핵화(核話)임을 불현듯 깨달았고, 이 핵화로부터 '동학농민혁명사'가 확장되어 나가야 한다고 판단하게 되었다.

전봉준은 우리 역사상 가장 위대하고 탁월한 지도자요 전략가이며 사상가이자 혁명가이지만, 그를 어떻게 인간적으로 그려내느냐 하는 것은 여전히 남은 숙제이다. 그럴 뿐만 아니라 갑오년보다 훨씬 앞서 담대하게 개벽의 시대를 전망한 선각자들인 수운 최제우와 해월 최시형, 그리고 갑오년 전후 그 격랑 속에 온몸을 던져 시대를 헤쳐 나간 서장옥 김덕명 김개남 손화중 송희옥 손병희 등 혁명의 기운을 불러일으킨 지도자들을 어떻게 분별하여 그려내느냐 하는 것도 남겨진 과제이다.

무엇보다 그 당시 동학 농민 봉기와 대일 전쟁에 기꺼이 나서고 쓰러져간 숱한 민초들을 어떻게 그려내고 담아내느냐 하는 것이야말로 작품의 관건임을 우리는 부인할 수 없다. 그러한 관점에서 이 작품은 아직 완성된 것이 아니다. 옛 판소리처럼 이 새로운 창작판소리도 당대에 널리 불리고 후대에 전승됨으로써 그 과정에서 수많은 명창 광대들의 더늠과 기량으로 더욱 확장되고 완성돼 나가기를 기대한다.

앞서 밝혔듯이 2024년은 나로서는 창작판소리 50주년을 맞는 뜻깊은 해이다. 다행히 10여 년 전 서원(誓願) 세웠던 창작판소리 열두 바탕이라는 담대한 계획을 겨우 숫자로나마 채울 수 있게 되었다. 하지만 나는 각 작품의 문학적·연행적·음악적 완성도에 있어 아직도 너무 부족함을 느낀다. 그 숱한 세월을 지나왔음에도 나는 여전히 저 소리의 봉우리, 광대의 꼭짓점에 아직 다다르지 못했음을 뼈저리게 자성한다.

앞으로 남은 생애, 오로지 <소리의 길, 광대의 길>에 더욱 정진할 것을 약속드린다.

우리나라의 고사성어

임종대 | 효창원7위선열기념사업회 이사, 평론가

　우리나라 역사는 우리 민족이 걸어온 궤적이다. 따라서 선조들이 하신 말씀이나 행적을 아로새기는 일은 후손 된 우리가 꼭 해야 할 일 중의 하나다.

　특히 우리 조상들이 걸어온 역사에 대한 소신과 자긍심을 갖는 것은 무엇보다도 소중한 일이다. 그것은 역사 속에 깃들어 있는 우리 고유문화를 보존하고 향기롭게 꽃피워 후대에 물려주어야 하기에 그렇다.

　그런데 이웃 나라 중국의 고사(故事)나 성어(成語)는 스스럼없이 말하면서도 우리 역사 속에 간직된 고사는 성어화하지 못한 아쉬움이 컸다. 아무리 퍼내도 마르지 않는 샘물처럼 <삼국사기>나 <삼국유사> 그리고 <고려사>와 <조선사>가 풍부하게 자료를 제공하고 있는데도 불구하고 정제(精製)하는 일에 소홀했던 것 같다. 갈고 닦으면 눈부시게 빛

날 보석들을 그냥 창고의 책장 속에 묻어 둔 꼴이다

자고로 우리나라는 중국과 더불어 한자 문화권에 속해 있으면서 인(仁)·체(體)·예(禮)·지(知)·덕(德)에 대한 가르침을 엄격하게 시행해왔다. 이는 후세 대대로 이어가며 삶의 교훈과 지표로 삼아야 할 가치이다. 이처럼 주옥같은 교훈을 오늘에 되살리고, 나아가 고양 시켜 21세기 이후를 대비한다면 우리의 정신 문화 확산에 크게 이바지할 것으로 믿는다.

이러한 소망으로 고사 속에 산재해 있는 교훈을 금맥을 캐는 심정으로 성서화하였다. 이는 우리의 찬란한 문화와 선조들로부터 계승되어 온 민족정신을 일깨워 세계 속의 자랑스러운 한국인으로 우뚝 서게 해야겠다는 자각에서였다

마침 한자 사용이 줄어드는 현시대에서도 고사성어의 가치는 높아져 사회지도층에서부터 일반인에게 이르기까지 널리 애용되고 있다. 이제 고사성어의 이해는 필수적이다. 따라서 우리 역사 속에 산재한 선조들의 얼과 넋을 찾아 아로새김으로써 역사의식을 바르게 넓히고 반만년의 찬란한 문화를 발전시켜 미래의 초석이 되게 해야 한다.

고로 고사성어를 읽노라면 우리나라의 역사를 가로, 또는 세로로 지르기로 종횡무진 탐구하는 통쾌함을 느끼게 될 것이다. 고사성어의 참 모습이 바로 여기에 있다.

• **거필택린**(居必擇隣)

살 집을 구할 때는 이웃을 살피고 가려서 정한다는 뜻이다. 집은 추위와 더위와 비바람을 막아주는 그것뿐만 아니라 넓게는 집안의 문벌(가문,

家門)과 집안의 가계(家系), 집안 내림(가통, 家統)의 상징이기도 했다. 안주와 번영은 물론 내면적인 근거와 뿌리의 상징성을 띠었다. 그런데 산업사회로 진입하면서 그 의미가 소실되어가고 있다.

고려 명종(1181년) 때 노극청(盧克淸)이라는 사람이 산관(散官)으로 있다 직장동정(直長同正)이 되어 자리를 옮기자 집을 팔려고 내놓게 되었다. 마침 이부낭중(吏部郎中) 현덕수(玄德秀)가 여기저기 살 집을 알아보던 중 노극청의 집을 사게 되었다.

덕수는 노극청의 곧고 바른 인품과 이웃들의 넉넉한 인심에 끌려 노극청의 아내가 부르는 대로 백은(白銀) 12근을 주고 샀다. 현덕수는 모처럼 좋은 집과 금보다 귀한 훈훈한 이웃과 거필택란할 생강에 마음이 설렜다. 그런데 외지에서 돌아온 노극청이 아내의 말을 듣고 펄쩍 뛰었다.

"내가 이 집을 살 적에 백은 9근을 주고 사서 그간 수리한 곳도 없이 편안하게 살았는데 백은을 3근이나 더 받은 것은 도리로 따질 때 경우가 아니라고 생각했다."

극청은 그 길로 백은 3근을 가지고 현덕수를 찾아갔다. 극청이 다짜고짜 백은 3근을 현덕수 앞에 내놓으면서 내 도리상 도저히 이것을 받을 수 없다고 말했다. 덕수는 손을 내저으며 말했다.

"어찌 당신은 의(義)를 내세워 경우를 찾고 나는 못 찾게 합니까? 백은 12근은 요즘 시세로 합당한 금액이니 돌려주려는 생각은 마시오."

현덕수가 온당한 값을 치른 것이니 받지 않으려 하자 노극청이 단호히 말했다.

"나는 지금껏 도리를 따라 살아온 사람인데 이 은을 받지 않겠다면 백은 12근을 다 돌려줄 테니 매매는 없는 것으로 합시다."

노극청이 물러날 기세가 없이 강하게 나가자 현덕수는 어쩔 수 없이 백은 3근을 받았다. 백은을 받아든 덕수는 '내가 어찌 의로움이 극청만 못할 수 있단 말인가' 하면서 백은 3근을 이웃 사람들에게 나누어 주었다.

이런 일이 있던 고려 명종 때는 무신들이 득세하여 너나 할 거 없이 이익만을 좇아 다툼이 끊이지 않았다. 그런 이기심이 팽배해 있는 때에 이 이야기가 회자하자 신선한 충격이 되어 온 장안에 화제가 되었다.

한약재의 사간(射干)이라는 나무는 키가 4치밖에 안 되지만 백길 높이의 산에서 자라기 때문에 저 아래 산과 온갖 나무들을 굽어볼 수 있다. 키가 커서가 아니라 서 있는 위치가 그런 곳이기 때문이다. 쑥이 삼대 밭 속에서 자라게 되면 부축해 주지 않아도 곧게 자라 키가 크다.

난괴(蘭槐)의 뿌리는 향료가 되는데 그 뿌리를 오물에 담갔다가 내놓으면 누구도 가까이하지 않는다. 그것은 바탕이 나빠서가 아니라 적셔진 오물 때문이다.

현대의 사람들은 물질주의의 이기심에 물들어 있어 집을 팔고 사는데도 돈만을 앞세우고 있어 우리의 옛 풍속을 잃어가고 있다. 너와 내가 서로 양보하여 교필택우(佼必擇友) 즉 좋은 친구로 사귀는 옛 고려 선인들의 금과 옥조같은 고결한 숨결을 들을 수 있었으면 한다. 그래서 오늘을 사는 우리에게도 노극청과 현덕수처럼 흐뭇한 이야기가 흘러나오는 세상을 만들었으면 얼마나 좋을까?

• 근심지목(根深之木)

'근심지목'은 뿌리를 깊이 뻗은 나무라는 뜻이다. 뿌리가 깊은 나무는 바람에 흔들리지 않고 지반이 안정되어 있다고 '용비어천가(龍飛御天歌)'는 전한다.

용비어천가는 1447년(세종29) 2월에 완성된 10권 5책 125장의 시가(詩歌)다. 1장과 2장은 서가(序歌), 3~109장은 본가(本歌), 110~125장은 결가(結歌)로 구성되어있다. 한글 창제 후 맨 처음 조선창업(朝鮮創業)을 송축(頌祝)한 악가(樂歌)이다. 매장마다 앞에 한문(漢文)으로 시가(詩歌) 전체를 쓰고 뒤에 한글로 번역하였다.

제2장 원문은 '근심지목 풍역불올 유작기화 유분기실(根深之木 風亦不扤 有灼期華 有蕡其實) 즉 뿌리가 깊은 나무는 바람에 움직이지 않으므로 꽃도 좋고 열매도 충실히 맺는다.' 은유법을 구사해 조선 건국 유래를 유연하게 묘사했다. 조선 창업이 오얏인 자두나무 이 씨로 그 뿌리는 목조(穆祖)·익조(翼祖)·도조(度祖)·환조(桓祖)·태조(太祖)·태종(太宗) 등이다. 역사적인 근간(根幹)을 새로 창제된 훈민정음으로 실은 데 의의가 있다. 뿌리가 깊고 마르지 않는 샘물이 있어야 왕조가 번창하고 굳건히 뻗어나갈 수 있다.

대구(對句)는 '원원지수 한역불갈 유사위천 우해필달(源遠之水 旱亦不竭 流斯爲川 于海必達)로 샘이 깊은 물은 가물어도 그치지 않으므로 냇물을 이루어 끝내 바다에 이른다.' 여기서 '원원지수'는 삼국 이전의 단군까지의 상고사와 삼국을 통일시킨 신라 56대 927년의 역사, 고려 34대 471년의 역사가 깊은 샘물이다. 용비어천가를 읽다 보면 예제(例題)들이 우리나라의 역사가 아닌 중국(中國) 역사의 것이라는 데 마음이 편치 않다.

'근심지목'에 민족의 신성수(神聖樹)라고 하는 소나무는 뿌리가 깊어 사시사철 푸르다. 어디에서나 볼 수 있어 다정한 친구 같은 소나무는 집이라는 보금자리를 주고, 집은 마음의 중심지이고 우주의 중심이다. 그뿐만 아니라 식품으로 송기떡, 약재로는 송진이 있으며 우리 속담에 '소나무 아래서 나서 소나무와 더불어 살다가 소나무 그늘에서 죽는다'라고 하였다.

소나무의 솔씨는 경상북도 안동 땅 제비원이 본향이다. 하늘에 있던 성주(聖主)가 강남 제비를 따라 제비원에 솔씨를 뿌린 것이 발원이다. 그래서 제비원의 성주 목을 벨 때는 산신제를 지내고 베어낸다. 그중에 춘양목(春陽木)은 속이 붉고 단단하여 대들보감으로 귀목이라 기도하는 마음으로 찾아 헤맨다.

소나무는 국민 나무로 애국가에서 '남산 위에 저 소나무 철갑을 두른 듯 바람서리 불변함은 우리 기상일세'라고 부르듯 수많은 난관을 극복하며 함께 해왔다. 그런 소나무의 꿋꿋한 삶을 지켜본 선인들은 소나무를 초목의 군자(君子)라고 부르고, 송백(松柏)의 곧은 절개를 노래했다. 소나무로 초가삼간(방 1칸, 마루 1칸, 부엌 1칸) 집을 짓고 양친부모 모셔다가 천년만년 살고지고라고 노래하며 살아왔다.

'근심지목'은 우리 역사의 뿌리이고 '원원지수'의 샘물은 민족의 염원과 이상을 향해 소나무처럼 꿋꿋하게 살아온 배달 민족의 삶을 말한다.

• 담호호지(談虎虎至)

'담호'는 호랑이 이야기고 '호지'라는 호랑이가 온다는 뜻이다. 화제에 올랐던 인물이 나타났을 때 '담인인지(談人人至)'라고 한다. 그 사람이 없는 데서 말을 하면 그가 온다(언불가이기인지부재이의기인, 言不可而其人之不在而議其人)는 말이다. 정약용(丁若鏞, 1762~1863)의 '이담속찬(耳談續纂)'에서 전한다.

덕이 있는 사람은 굳이 말하지 않아도 저절로 찾아와서 모이게 된다. 복숭아나무와 자두(자두)나무는 꽃과 열매가 있어서 사람들이 그 아래로 다투어 찾아 들어 길이 생긴다. 사람이 모이면 말이 있고, 발 없는 말이 천리 가듯 그 말로 인연도 맺고 시비도 생긴다.

오해는 때에 따라 돈으로 계산할 수 없는 값을 치러야 한다. 그래서 말 한마디로 천 냥 빚도 갚는다고 했다. 사람은 자기 이야기 보다 남의 이야기에 꽃을 피운다. 한참 그 사람 이야기하고 있는데 갑자기 나타날 수도 있다.

다산은 '이담속찬'에서 '나무꾼과 꼴꾼의 말이라도 성인(聖人)은 이를 가리고, 여항(閭巷)의 촌스럽고 하찮은 말도 지극한 도리와 진리를 담고 있어 군자도 감히 소홀히 여기지 않는다'라고 했다. 말속에는 그 사람의 생각과 뜻이 담겨 있다.

그래서 말은 그 사람의 입 안에 있는 한 그 사람이 주인이다. 그런데 말이 일단 입 밖으로 나오게 되면 때론 날카로운 칼이 되고 사슬이 되어 상처를 입히고 옥죄일 수 있다. 그래서 말은 머릿속에서 거듭 생각하고, 마음속에서 순화시킨 다음, 입에서 향기롭게 뱉어내야 한다.

다산은 '우리나라 속담'에서 '세상 적 버릇 여든까지 간다(삼세지습지우

팔십 三世之耋至于八十'고 적고 있다. 어렸을 때의 습성은 팔십이 된 노인이 되어서도 그대로 행한다. 인간의 성품은 오묘해서 무게로 달 수도 없고 자로 잴 수도 없으며, 너무 커서 극대(極大)이고 너무 작아서 극소(極小)라 측량할 수도 없다.

호랑이가 제 말을 하면 온다고(談虎虎至) 고사(故事)는 남의 말을 함부로 하지 말라는 경계가 담긴 말이다. 인간의 예지는 소리가 없어도 들을 수 있고 때로는 아무런 형체가 없어도 볼 수 있다. 꿈에서 본 일이 실제 벌어지는 일도 그런 류이다.

호랑이가 제 말을 하면 온다는 말처럼 아침에 까치가 울면 반가운 손님이 온다는 속설도 그런 예이다. 까치는 길상조(吉祥鳥)로 아침에 보면 그 날의 일진이 좋다고 한다. 까치는 마을 어귀에 둥지를 틀고 오고 가는 사람을 지켜본다.

혹 낯선 사람이 나타나면 두세 마리가 모여 짖어 댄다. 반가운 손님이 와서인지 낯선 사람의 방문을 알리는 소리인지 예사롭지 않게 깍깍댄다. 제 말 하면 오는 호랑이도 아닌데 까치는 동네 어귀에서 맨 먼저 소식을 알리는 길조(吉鳥)다.

정초에 '까치설날은 어저께고 우리 설날은 오늘'이라는 동요를 부를 때, 썩은 이를 빼 초가지붕 위로 던지며 '헌 이 줄게 새 이 나게 해 달라'고 부탁도 했었다. 이처럼 까치는 우리 생활과 가까이에 있었으며 호랑이가 단군신화의 표상이라면, 까치는 하늘나라에서 오작교를 놓았던 천상의 새로 기렸다. 까치와 함께 호랑이는 우리 민족의 표상이요 참다운 삶을 깨닫게 하는 일이다.

제4부

침묵은 향기로 말한다

임은정　법률가가 된 카인의 후예
임동준　한국정치의 새 길을 생각한다
임재택　교육의 경쟁력이 살아야 미래가 열린다
임성수　교육은 끊임없이 이어져야 한다
임종은　인구 문제 해결에 답이 있다
임은정　원자력 강국 vs 핵무장, 같이 갈 수 없는 길
임석희　누리호 발사 그 이후 펼쳐지는 K-우주시대
임종니　캠프 데이비드 1주년 성과

법률가가 된 카인의 후예

임은정 | 대전지방 검찰청 부장검사

평안하신지 안부를 묻기조차 주저되는 시절입니다. 평화를 갈구하지만 나라 밖 전쟁은 끊이지 않고 우리 사회의 갈등과 충돌은 전쟁 못지않습니다. 세상이 풍족해진 것 같지만 가난하고 몸과 마음이 병들고 성난 사람들은 늘어가고 있지요.

성경을 묵상하며 인간의 타락, 하느님의 인내와 꾸중과 구원, 인간의 반성과 회복이 반복되는 것을 깨닫고, 지금 우리 사회는 성경에서 어느 시대에 해당하고, 나와 검찰은 누구에게 해당할까를 생각해 본 적이 있습니다. 아벨을 질투하여 쳐 죽이고 어디 있는지 모른다고 잡아떼다가 하나님의 질타를 듣는 카인이 저와 검찰인 듯해 무서웠지요.

야훼께서 법률가들에게 물으셨다. "사법정의가 어디에 있느냐?". 그들은 "우리가 사법정의를 지키는 자들입니까?" 하고 잡아떼며 모른다고 대답하였다. 그러나 야훼께서는 "너희가 어찌 이런 일을 저질렀느냐?" 하시면서 꾸짖으셨다. "불의로 고통받은 어린 양들의 울음소리가 땅에서 나에게 울부짖고 있다"

(창세기 4장 9~10절 변용)

카인은 우리 주변에도 많습니다. 입으로는 법과 정의, 공정과 상식을 외치고 실제는 법을 구부리고 정의를 잘라내어 권력에 충성하는 법률가들이 바로 카인이지요. 그들은 그렇게 협력해 악을 행하고, 하느님은 법률가들의 죄악으로 고통받은 사람들의 울부짖음을 지금도 듣고 계십니다.

[장면 1. 전관예우 I - 어느 검사의 궤변 -]

"피의자가 변호사비를 쓴 건 양형에 반영해야 해. 벌금 낸 거잖아?" 점심시간, 후배들을 가르치던 선배가 있었습니다. 벌금은 나라에 내는 거고 변호사비는 변호사가 받는 건데 전혀 다르잖아요? 입 속을 맴돌던 말은 결국 사그라들었습니다.

선배가 모르고 하는 말이 아니기도 하고, 혼자 튀는 것 같아 부담스러웠으니까요. 안에서 그런 말이 거침없이 오가는 검찰이 밖으로 법과 원칙을 내세우며 전관예우를 부인해도 시민들은 믿지 않지요. 2016년 정운호 게이트로 구속된 검사장 출신 홍만표 변호사가 1년 소득신고액만 100억 원이 넘었고, 변호사 몇 년 만에 오피스텔 123채를 사들였던 걸 다들 기억하고 있습니다.

변호사에게 돈을 쓴 만큼 범죄자의 죄와 벌이 줄어드니 전관 변호사 선임료가 하늘 높은 줄 모르고 올라갑니다. 검찰이 눈감아준 죄와 벌은 검찰에게로 돌아오지요. 검찰이 쌓아 올리는 바벨탑.

[장면 2. 전관예우 Ⅱ - 먹거리가 된 검찰권, 사라진 정의 -]

이제는 수사한 결과 혐의가 인정되어 기소해야 한다고 판단한 사건들만 경찰이 검찰에 송치하고 기소할 수 없다고 판단하는 사건은 자체 종결하고 있습니다만, 얼마 전까지 수사 종결권은 검찰만 가지고 있었습니다.

수사권 조정 논란 때마다 검찰은 '국민을 위해'라는 명분을 내세우며 국가공무원법에서 금지하는 집단행동을 불사하고 검찰권 사수를 위해 전력을 기울여 막거나 피해를 최소화하는 데 성공했지요.

십여 년 전 모 차장검사가 검사들을 분발시키기 위해 수사 종결권의 중요성을 이렇게 설명했습니다. "자네들도 언젠가 변호사를 하지 않나? 이젠 형사재판도 법원 전관들의 시장이 되었어. 검찰 전관들의 블루 오션은 불기소 사건이야. 종결할지, 말지. 보완 수사를 할지, 말지. 보완 수사를 어떤 방향으로 할지. 검찰 전관들은 그걸로 먹고 사네" 그때 알았습니다.

일에 치여 사는 젊은 검사들에게 사건은 '일거리'지만, 결재 도장만 찍고 변호사로 나갈 시간이 얼마 남지 않은 간부들에게는 사건이 '먹거리'라는 걸. 대장동 50억 클럽 명단을 통해 힘과 돈이 없는 사람들은 상상도 하지 못할 값비싼 야시장의 존재가 드러났습니다.

천벌 받을 것들, 부정한 되로 부정 축재한 것들을 나 어찌 용서하겠느냐? 자루에는 엉터리 추를 넣어 가지고 다니며 맞지도 않는 저울을 쓰는데 어떻게 죄 없다고 하겠느냐? 그래서 이제부터 나는 너희를 치리라. 그런 죄를 보고 어찌 멸망시키지 않겠느냐?

(미가 6장 10~12절)

[장면 3. 상명하복, 양심을 짓밟고 올라가기 Ⅰ]

"인천지검장 때인 86년 세상을 떠들썩하게 했던 '부천경찰서 성고문 사건을 지휘하며 권력 핵심부의 축소 조작 압력을 온 몸으로 막아냈다… 이 같은 소신 덕분에 은폐될 뻔했던 부천경찰서 성고문 사건은 만천하에 드러났고 결국 성고문 경찰관이 구속됐다" 2001년 8월 8일 중앙일보에 실린 김경회 안드레아 전 형사정책연구원장에 대한 기사입니다.

"김수장 부장은 몇 번인가 더 (김경회) 검사장실을 들락거리면서 구속 수사의 타당성을 주장했지만 받아들여지지 않았다… 형사부의 한 검사는 참다못해 검사장을 찾아가 항의했다. '검사장이라는 자리가 무얼 하는 자리입니까? 대검이나 청와대의 압력을 막아서 부하검사들이 소신 있게 일할 수 있게 하는 것 아닙니까? 윗선 눈치만 보려고 검사장 자리에 연연하시는 것은 안 되지 않습니까?'" 부천경찰서 성고문 사건을 수사한 당시 인천지검 검사의 자서전 일부입니다.

"후일 그(김경회)를 만나서 '그리스도인으로서 어떻게 진실을 왜곡할 수 있느냐. 이것은 중범죄'라고 강하게 항의했더니, 그는 그 자리에서 자신의 한계와 검찰의 무력함을 솔직하게 시인했습니다" <함세웅의 붓으

로 쓰는 역사기도> 일부입니다.

김경회는 1986년 7월 '성고문 경찰관의 강제추행 혐의는 무혐의, 가혹행위는 기소유예'라는 황망한 수사 결과를 직접 발표하라는 대검 지시에도 불구하고 검사장실에서 버텨 결국 김수장 부장으로 하여금 대신 발표케 하는 항명으로 강직하다는 평가와 출세라는 열매를 모두 거머쥐었지요.

상명하복하여 사법정의를 짓밟은 김경회는 무탈하게 고검장으로 승진했고, 김수장 역시 서울지검장을 달았습니다. 김경회의 인천지검이 면죄부를 준 성고문 경찰관은 87년 6월 항쟁 이후 피해자의 재정신청을 받아들인 사법부의 뒤늦은 공소제기명령으로 기소되어 결국 실형을 살았습니다.

[장면 4. 상명하복, 양심을 짓밟고 올라가기 Ⅱ]

2023년 3월 2일. 저는 검사적격심사위원회 출석을 위해 법무부에 갔습니다. 2010년 12월 상가집에서 서지현 검사를 공공연하게 추행했던 안태근 검찰국장 등으로부터 2016년 적격심사를 받았던 저로서는 더 이상 그런 부적격자들로부터 적격심사를 받을 수 없어 위원 명단을 사전에 요청했습니다만, 당연히 거부됐습니다.

부득이 회의실에서 위원들 면면을 살펴 부적격자를 가려내어 문제제기해야 할 상황. 기피 신청 예정임을 사전 경고했더니 한동훈 장관이 지명한 위원인 검사장 3명이 다행히 회의에 나오지 않아 위원장과 위원 6명, 주무부서장인 법무부 검찰과장 등으로 회의실이 차 있더군요.

심층 검토 대상자 자리에 앉아 둘러보았습니다. 2005년 부산지검 부장검사로 재직할 때 대검 간부의 글에 단 제 댓글로 불러 결재받지 않고 댓글을 썼다며 질책하고 삭제 지시까지 했던 박정식 전 고검장이 위원장인 것도 당황스러웠지만, 한석리 검사장이 위원인 현실은 당혹스럽기까지 했습니다.

제가 서울중앙지검 검사로 상사의 위법한 지시를 거부하고 과거사 재심 사건 무죄 구형을 강행했던 2012년. 한석리 검사장은 서울중앙지검 부부장 검사로 '이명박 대통령 내곡동 사저 헐값 매입 사건'을 담당했지요. 무혐의 결정하라는 대검 지시에 맞서 기소해야 한다고 제법 버텼던 것으로 압니다. '불기소 이유가 안 써진다 / 무혐의 결정해라. 대검에서 불기소 이유 써주겠다' 대검과의 설왕설래를 거의 실시간으로 전해 들었습니다.

그 말을 처음 전해 들었을 때 부천경찰서 성고문 사건이 떠올랐지요. 30년 전 대검에서 인천지검의 구속 의견을 꺾고 성고문 경찰관을 불기소하라며 불기소 이유를 보내줬다던데, 검찰은 2012년에도 여전한가 싶어 어찌나 한심하고 개탄스럽던지. 한석리 검사는 결국 불기소했고, 그 잠시의 버팀은 "당시 무혐의 결정했지만 대검의 무혐의 지시에 맞서면서 강한 인상을 남겼다"는 미담으로 언론에 소개됐습니다. 잠시의 버팀조차 거의 없는 바람개비 검찰을 풍자하는 기사가 아니라는 게 서글플 따름입니다. 이명박 전 대통령은 정권 교체 이후인 2018년 재수사로 비로소 구속됐습니다.

위법한 지시에 따를 것인가, 법과 원칙을 따를 것인가. 2012년의 선택이 저와 달랐던 한석리 검사장이 위원으로 앉아있는 걸 바라보며 '끝까지 버티면 부적격 검사이고, 버티다 말면 검사장인가' 싶어 무참했지만, 모든 것을 아시는 주님께서는 저를 통해 부적격 검찰을 드러내고 계신다는 믿음으로 견뎠습니다.

저기 쓴 글자들은 '므네 므네 드켈.' 그 다음은 '브라신.'입니다. 그 뜻은 이렇습니다. '므네.'는 '하느님께서 왕의 나라 햇수를 세어보시고 마감하셨다.'는 뜻입니다. '드켈.'은 '왕을 저울에 달아 보시니 무게가 모자랐다.'는 뜻입니다.

'브라신.'은 '왕의 나라를 메대와 페르시아에게 갈라주신다.'는 뜻입니다.

저기 쓴 글자들은 '므네 므네 드켈.' 그 다음은 '브라신.'입니다. 그 뜻은 이렇습니다. '므네.'는 '하느님께서 왕의 나라 햇수를 세어보시고 마감하셨다.'는 뜻입니다. '드켈.'은 '왕을 저울에 달아 보시니 무게가 모자랐다.'는 뜻입니다. '브라신.'은 '왕의 나라를 메대와 페르시아에게 갈라주신다.'는 뜻입니다. (다니엘 5장 25~28절)

2001년 검사로 임관했는데, 그때도 검찰개혁 논의가 한창이었습니다. 검찰개혁 공약은 선거 때마다 약방의 감초잖아요. 그런데 정작 정권을 잡으면 권력은 법을 구부려 내 편을 들어주고 정적을 칠 부패한 검사들을 중용하여 검찰을 정권의 도구로 쓰고 싶은 욕망을 떨쳐내지 못합니다. 검찰은 <반지의 제왕>에 나오는 절대반지와 같아서 평범한 인간들은 눈이 멀어 버리거든요.

1998년 김대중 대통령의 취임으로 국민의 정부가 들어서자, 법무부 검찰과 책장에 꽂힌 책이 카멜레온인 듯 완전히 바뀌어 사무실에 방문했다가 깜짝 놀랐다는 이들이 속출했지요. 기꺼이 정권에 따라 카멜레온처럼 색깔을 바꿀 검사들이 검찰에 즐비하니 그렇게 서로는 윈윈(Win-Win)했습니다.

舊공안 / 新공안 / 문민공안 / 열린공안… 정권 교체에 맞추어 속칭 공안통 주류로 새로이 편입한 검사들을 그렇게 구별하여 불렀다더군요. 출신지, 혈연, 학맥 등 이런저런 인연에 기대어 검찰 주류에 그런 식의 변화가 없지 않았습니다만, 권력과의 인연 등으로 인한 변화일 뿐 검찰조직관, 가치관, 출세욕 등에서는 차이는 전혀 없습니다. 법과 원칙이 아니라 상명하복이 최우선인 조직문화는 그렇게 강고화됐지요. 김경회 검사처럼, 한석리 검사처럼 시키는 대로 해야 승진하는 걸 검사들은 수십 년간 보고 듣고 겪었습니다.

문재인 정부가 들어선 후에도 그렇고 그런 검사들을 계속 중용되는 걸 보고 이번에도 검찰개혁이 실패할 거란 걸 직감했습니다. 검찰은 언제 우리가 네 편이었냐는 듯 안면몰수하고 홍위병이 되어 충성을 다했던 종전 권력을 겨냥한 수사로 정의의 심판자 행세를 하고 야바위꾼처럼 자체 개혁을 추진하는 체하면, 속사정을 모르는 시민들은 속기 마련이지요. 일말의 기대를 접고 제가 있는 자리에서 할 수 있는 방안을 찾기 시작했습니다. 그리고, 검찰이 얼마나 자정능력이 없는지 보여줄 수 있는 사례를 골라 감찰 요청하고 부패신고를 하고 고발장과 민사소송 소장을 쓰기 시작했습니다.

윤석열의 서울중앙지검에 2015년 서울남부지검 성폭력 은폐 건에 대한 고발장을 제출하고, 윤석열 서울중앙지검장을 상대로 정보공개소송을 제기하고, 윤석열 검찰총장을 직권남용으로 부패신고했습니다.

윤석열 검찰총장 내정자에게, 윤석열 검찰총장에게 고언 메일을 보내기도 했지요. 검찰이 국민의 신뢰를 되찾는데, 그의 역할이 너무도 막중하니 일말의 기대를 버릴 수 없었으니까요. 검찰총장 취임 때부터 조마조마하게 그 행보를 지켜본 검사로서 총장 사퇴 후 대선으로 직행하는 걸보며, 검찰이 망하겠구나 싶어 한동안 서글펐다가 이제는 담담합니다.

검찰은 정권에 기생하며 카멜레온처럼 색깔을 바꾸어 정권 교체에도 권력을 유지해왔는데, 검찰이 정권이 되는 순간 검찰은 이제 한 몸인 정권과 함께 심판받을 수밖에 없잖아요. 막중한 검찰권을 부여받은 검찰이 이를 감당할 그릇이 못 되니, 이제 검찰의 시대가 저물고 검찰권이 쪼개질 일만 남았습니다.

너 사람아, 내가 너를 이스라엘 족속의 보초로 세운다. 너는 나에게서 경고하는 말을 받거든 그대로 일러주어라. (에제키엘 33장 7절)

2012년부터 검찰 내부망에 동료의 각성을 촉구하는 글을 정기적으로 썼습니다. 그때는 조금만 목청을 높이면 동료의 생각과 행동이 일어날 줄 알았거든요. 저의 은사가 요나의 축복이 아님을 깨닫는데 그리 오래 걸리지 않았지요. 동료의 말이 돌팔매로 날아들어 숨쉬기 버겁고, 언론의 왜곡 보도에 가족들까지 힘겨워했습니다.

마음이 흔들린 세례 요한이 제자들을 주님께 보내어 "당신이 그니이까?" 확인한 것처럼 저 역시 수시로 흔들려 주님께 묻곤 했습니다. 제가 주님 뜻대로 하고 있는 게 맞습니까. 그런데 왜 이 돌팔매 속에 저를 버려두십니까.

힘겨울 때마다 수시로 예레미야 애가와 에제키엘을 묵상하곤 합니다. 같은 말이어도 상황에 따라 뜻이 달라진 지 오래. 검찰이 한결같이 외치는 '법과 원칙'이 자기편과 적에게 전혀 다른 의미인 줄 사람들은 이미 알고 있습니다. 검찰이 쌓아 올린 죄의 바벨탑이 하늘에 닿아 서로의 말을 이제 알아듣지 못하니 심판의 시간이 임박했음을 깨닫습니다. 일몰의 검찰에서 힘겨워도 제게 주어진 사명을 감당해야겠지요. 주어진 십자가가 들 만하고 견딜 만한 것에 감사하고 있습니다.

어렸을 적 유관순 위인전을 읽으며 아쉽고 이해하기 어려웠던 게 있었습니다. 밖에 나가서 왜장을 끌어안고 남강에 몸을 던지거나 폭탄을 던져야지, 감옥에서 만세를 부르면 뭐 하나 싶었거든요. 몇 해 전 서대문형무소 역사관을 들렀다가 깨달았습니다.

유관순 열사의 만세 소리는 고문실 등지에서 터져 나오는 독립투사의 비명과 신음소리에 흔들리고 방황하는 동지들에 대한 핏빛 응원이고, 덕분에 동지들이 감옥에서 버텨냈다는 걸. 사람의 그릇이 제각각이어서 시대를 깨우는 소리도 있을 테고, 나단 선지자처럼 어리석은 권력자를 비롯한 많은 사람들을 깨우는 소리도 있을 테지요. 제 능력이 부족하여 그런 소리는 못 되지만 불의한 시대에 몸을 부딪치고 깨어져 감추어진 불의를 드러내는 소리라도 되어 볼 각오입니다. 떨치고 일어나 외치는 우리들의 소리가 어우러져 합창이 될 때 주님의 나라가 이 땅에 임하고, 역사가 한 발 내딛게 됨을 믿습니다.

    메마르고 척박한 광야와 같은 우리 사회에 여기저기서 외치는 소리가 들려오네요. 그 소리가 메아리 없는 비명이 되지 않도록 저 역시 일어나 함께(syn) 그 길(hodos)을 걸으며 계속 외치겠습니다. 제가, 우리가 주님께서 주신 사명을 잘 감당할 수 있게 지켜주소서. 주님. 그렇게 하겠습니다.

한국정치의 새 길을 생각한다

임동준 | 한반도통일포럼 대표, 칼럼리스트

평생 현실 정치의 여러 유혹이 직간접적으로 있었다. 결론부터 말한다. 나는 현실 정치를 하지 않을 것이다. 부족함을 알고 깨우침이 있었기 때문이다. 정치를 통해 세상에 이바지하는 타이밍은 이미 놓쳤다고 판단한다.

하지만 공사석에서 여러분들이 묻는다. 외면하면 안 될 것 같아 우리 정치 체제에 대해 최근의 심경을 적어 본다.

남북 분단 현실에서 오래전부터 김정은 가(家)를 강제로 축출(逐出)하지 않는 한, '남북 두 국가의 평화공존'과 '합작과 연정'을 생각해 왔다. 남북 두 국가의 평화공존은 가능성이 커졌음에도 이를 향한 한국 정치 체제 작동은 전혀 이루어지지 않고 있다 남북한 모두 한반도에서 전쟁 발발의 위험성이 사라지면 주가 가치가 두 배 이상 오를 것이다.

길은 단순하다. 남북한이 서로 상대를 인정하고, 흡수통일 등의 헛된 욕심을 버리는 것이다. 연방제 통일이나 국가연합 같은 이야기들로 혼란시키지 않으면 된다. 민족 내부의 특수관계로부터 일반국가 관계로 국교를 수립하고, 휴전선을 국경선으로 하는 것이다.

<1민족 두 국가> 체제로 전환하는 것이다. 정부가 이것만 성공하더라도 대단한 업적이 될 것이다. 정작 더 중요한 관건이 될 것으로 보이는 것은, 대한민국 안에서의 '합작과 연정'이다. 어렵다. 이것이 한국 정치의 현주소다.

정부 때마다, 임기 내에 실질적인 합작으로 당파와 보혁을 초월한 인사들이 국무회의의 테이블에 앉아 서로 대립 투쟁할 사안들을 올려놓고 좌우 보혁의 지혜를 모아 나라의 새로운 진로를 열어갈 수 있기를 바라는 생각을 꾸준히 해왔다.

이른바 좌도 우기론 이다. 콧방귀도 안 뀐다. 어렵지만 가야 한다. 정파보다는 국민과 나라가 우선이라는 생각만 하면 된다. 정치문화를 근본에서 바꿀 '바람'이 한번은 불어야 한다는 생각을 꾸준히 해오고 있다. 준비된 정당이 있어야 하고, 선거를 통해 바람을 일으킬 국민 의식 성숙이 있어야 한다.

그러나, 여야 정치인들의 철옹성 같은 고정관념으로 굳어있다. 나처럼 힘없고 보잘것없는 자라도 말하지 않으면, 다음 선거(총선, 대선) 때까지 그런 논의를 꺼내기조차 어렵게 되어 있다. 2026년 지방 선거와 결국 다음 2027년 3월 3일 대통령 선거를 정치변혁의 '변곡점'과 '정점'으로 본다.

여러 가지를 종합해 볼 때 시대적 요구를 실현할 수 있는 가장 현실적인 길은 대통령이라는 구체적 개인 즉 '한 인물'의 사상과 비전에 귀결될 것이다. 정당을 바꾸고, 국민 의식의 성숙을 이루는 데는 시간이 오래 걸린다.

우리에게는 시간이 많지 않다. 대통령이라는 한 개인 안에 시대정신을 담는 것이 구체적이고 절실한 실현 방안이다. 앞으로 1년 안에 그런 인물을 찾아야 한다. 아니, 만들어야 한다.

2026년 자치단체장 선거부터 가슴 내부에 용광로를 가진 인물을 찾아 출전시켜야 하고, 2027대선 때는 그런 꿈과 뜻을 가진 자들이 뭉쳐 기존 정치세력과 나라의 명운을 걸고 일합(一合)을 겨루어야 한다.

후보 선출 시기부터 새 인물 그를 중심으로 합작이 이루어지기를 바란다. 그것이 차기 정부의 국무회의로, 국회의 문화로 이어지게 하는 것이 희망의 설계다. '합작과 연정'이라는 목표를 현재의 대통령제에서도 '실질적 합작'으로 실현하게 할 수 있어야 한다.

아래 방법론은 정치에 욕심은 없으나 나라의 실질적 발전과 보국안민만을 바라는 한 국민의 간절한 소망으로 봐주면 고맙겠다. 그러면 당신이 말하는 좌도우기론에 입각한 '합작과 연정'의 길이 어떻게 생겼느냐고 물을 것이다. 남북한 함께 경제발전을 촉진하고 국민이 편안하게 살 수 있는 길은 매우 단순하다. 남북한 정치인을 비롯한 국민이 기존 생각을 바꾸는 것이다.

공자의 논어에 나오는 군자는 현대적 의미로 해석하면 "아집이 없는 자유인, 소통의 달인"이다. 새로운 사회, 새로운 문명을 끊임없이 모색하는 새로운 인간이다. 한 사람이라도 더 새로운 인간, 군자가 되면 우리는 모두 그만큼 행복해진다. 그가 지도자가 되면, 우리나라는 비전 있는 새 나라가 된다고 본다.

세상에 옳다고 하는 것이 따로 없고, 옳지 않다고 하는 것이 따로 없는 세상이 되었다.

그런데도 현재 한국은 자신과 정견이 다른 상대방을 "적폐, 토착 왜구, 좌빨" 등의 단어를 구사하며 사문난적(斯文亂賊), 정파 싸움으로 몰아넣고 있다.

여기서 숨을 크게 쉬어보자. 지금 세계 각국의 정책 처방은 목표는 좌에서 찾고, 그 실행의 방법은 우에서 찾는 것이다. 이른바 '좌도 우기'론이다.

새 술을 헌 부대에 담는 방법이다. 경제문제는 양심적이고 유능한 우파를, 양극화 해소와 복지 문제 등은 합리적이고 소신이 있는 좌파를 국무회의에 같이 앉히는 것이다.

박정희와 김대중을 합해 놓는 것이다. 국가의 부를 떨어뜨리지 않고 양극화 해소 등 갈등을 해결하여 {새로운 문명의 선진문명국가}를 향해 협치가 이루어지게 하는 것이다. 우선 가장 중요한 인식은 무엇이 한반도를 옥죄고 있는 첫 번째가 무엇인가를 정확히 아는 것이다.

남북한 관계를 현실을 냉정하게 바라보는 실사구시(實事求是)의 입장에서 공론화 담론의 장을 끌어내는 방안을 모색해야 한다. 흔히 말하는 '1국 두 체제'의 수평적인 연방제 통일은 불가능하다.

통일된다면 실제로는 흡수통일인데, 지금 남북의 실정으로는 이를 고집하다간 내전과 악화한 재분단의 가능성이 크다. 좌파나 민족주의자 일부는 반외세 통일을 이야기하는데, 반외세는 반미 반일이다. 현실적이지도 이성적이지도 않다. 한국 좌파의 치명적 약점은 과대망상의 꿈을 꾸고 좌파의 정체성과는 인연이 먼 민족주의 정서에서 벗어나지 못하고 있는 경우가 많다는 점이다.

일부는 북이 핵을 포기하지 않는데, 핵을 가진 나라와 어떻게 평화를 이야기할 수 있겠느냐고 말한다. 아니다. 두 국가가 평화 체제로 전이하는 과정에서 남북수교, 북미 수교, 북일수교 등에서 한반도 비핵화가 이루어지는 것을 목표로 하면 된다.

북한은 모가 나고 삐뚤어져서 털을 곤두세우고 있는 고슴도치 신세로 보아야 한다. 넓은 세계로 나갈 준비와 환경이 되면, 그때 서야 한반도 비핵화에 동의할 것이다. "1민족 두 국가 체제"는 영구 분단, 분단의 고착화 획책이라고 비판하면서 입으로만 통일을 외치는 자들은 실제로는 분단 현상을 즐기고만 있는 자들이다.

우선 두 국가를 운영하는 자주적이고 대범한 결단을 내려야 한다. 남북이 자기 책임 아래 국가적 과제를 해결하는데 전쟁의 위협 없이 전력을 다해보자. DMZ도 함께 개발하고 UN기구도 유치하자. 남북이 통일이라는 동상이몽의 꿈을 꾸면서 핵폭탄을 머리에 이고 사는 어리석은 비극만은 한다.

한반도가 두 국가 체제로 전환하여, 외적으로는 남북수교를 통해 전쟁의 위협에서 원천적으로 벗어나고, 내적으로는 진정한 협치와 연정과 합작을 통해 천민자본주의를 벗어나 새로운 문명을 선도하는 선진 복지 국가로 나아갈 때 우리 대한민국은 미래세계에서 진정한 국면 전환 요소로 우뚝 설 수 있다고 생각한다.

내 비록 가난하고 권력 없어 힘없으나 보국안민의 길이 내 눈에 보이는데 어찌 주저하리오! 사실 지구촌 전 인류의 바람이다.

2026 지방자치 선거와 2027 대선을 통하여 나 자신은 출마하지 않더라도 우리 한반도에 생명과 평화의 빛을 드리울 자가 대통령에 뽑히도록 촌음을 아껴 돕고 싶다. 그리고 나는 DMZ에서 세계적인 임윤찬 피아니스트와 함께 비목을 부르며 벅찬 감회에 젖고 싶은 소망이다.

교육의 경쟁력이 살아야 미래가 열린다

임재택 | 전 초당대학교 교수

세계 각국이 경제위기의 늪에 빠져 허우적거리고 있다. 세계 경제 성장률은 선진국 소비와 중국경기의 둔화 등의 영향으로 종전 대비 0.2% 낮춘 2.8%로 전망하며 또한 주요 선진국 대부분 높은 금리와 부채 부담 등으로 낮은 성장세를 보일 전망이고 우리나라도 경제성장률이 0.2% 마이너스로 전환했으나 이번 0.5% 내외로 반등을 예상한다.

나라마다 자국의 경제 회생을 위해 정책을 총동원해보지만, 그 효과가 어느 정도일지 불분명해 보인다. 어찌 보면 경제의 큰 틀은 이미 그동안 과도한 성장과는 거리가 먼 쪽으로 자리 잡은 것 같다. 이럴 때일수록 이성의 회복과 발상의 전환이 필요하다.

1928년 미국 제31대 대통령에 당선된 박애주의자 후버(Herbert Clark

Hoover)는 취임 연설에서 "우리 미국인들은 오늘날 세계 역사상 전례가 없는 빈곤으로부터 최종 승리를 목전에 두고 있다. 얼마 안 가서 우리는 신의 가호와 더불어 이 나라에서 빈곤이 소멸하는 날을 맞게 될 것이다." 하고 호언장담했다.

그러나 그의 이러한 장담과는 달리 이듬해인 1929년 10월 24일은 미국과 세계 역사에 '검은 목요일'로 기록될 정도로 불황은 계속됐다. 투자자본이 휴지 조각으로 변하고 이에 따른 경제적 불안과 자살률의 증가는 극에 달했다.

1930년대 산업경제 시대에 실업률 25%라는 초유의 사태가 벌어졌으나, 루스벨트 대통령은 대공황 극복을 위한 뉴딜정책을 통해 정부가 건설 및 기간산업에 직접 개입함으로써 불황의 탈출을 시도했다. 미국 정부는 일자리를 창출하여 소비를 늘리고, SOC투자 확충으로 경제성장 기반을 구축했다.

과거의 미국 정부가 현명한 판단과 정책으로 불황을 탈출했듯이, 우리 정부 역시 선견지명을 발휘하여 경제적 성과를 거둘 수 있기를 기대해 본다.

이럴 때일수록 한 가지 간과해서는 안 될 일이 있다. 눈앞의 성과에만 급한 나머지 지식기술 개발에 소홀해서는 안 된다는 점이다. 핸드폰이나 자동차, 조선, 반도체 등은 치열한 세계시장에서 시장 지배력을 갖추고 있는 우리의 효자 품목들로, 이 분야는 각고의 노력과 끊임없는 투자, 그리고 연구개발의 결과라는 사실은 누구도 부인할 수 없을 것이다. 경제적 혁신이나 기술력 향상에도 지식기술 Know-How가 중요한 경제적

자원이기 때문이다. 경제회복을 위한 절대무기는 지식자원을 개발하는 데에서 그 해답을 찾아야 하며, 그 이유가 여기에 있다.

교육투자의 필요성에 대해서는 이견이 없으면서도 효과가 바로 나타나지 않는다는 점 때문에 투자 우선순위에서 밀리는 경우가 허다하다. 그러나 마땅한 부존자원마저 없는 우리의 현실 속에서 수출 대국으로서의 위상을 지켜왔던 일등 공신이 교육이었다는 사실을 인정한다면, 경제위기의 한파 가운데서 교육투자야말로 우선순위가 되어야 한다.

경쟁력 있는 교육이야말로 우리가 직면하고 있는 위기를 벗어나게 할 수 있는 지침이 될 것이며, 향후 비로소 국제 경쟁력을 가질 수 있을 것이다. 역대 정부가 교육개혁에 관심을 기울였던 이유는 국가의 장래를 좌우하는 경쟁력이 교육에 있다고 판단했기 때문일 것이다.

- 피터 드러커(Peter Drucker, 1909~2005)

오스트리아 출신의 미국의 작가이자 경영학자는 자본주의 이후의 사회는 지식 중심 사회가 될 것으로 내다보았으며, 새 시대에 대응하기 위해서는 교육의 모습도 달라져야 할 것은 필연적인 사실이라 보인다고 하였다.

지식사회로의 변화는 과거의 산업혁명 때의 변화 속도보다도 사회와 문화 등의 변화가 훨씬 더 빠르게 진행될 그것으로 보이면 우리는 아무런 부존자원이 없으므로 우리나라가 미래의 국제사회에서 살아남기 위해서는 지식 강국을 건설하는 길뿐이다.

그러기 위해서는 가장 빠르게, 가장 적절하게 변화해야 할 영역은 교육이라는 결론에 이른다. 지식사회에서는 인간의 창의력과 개인의 전문성의 우위가 국가의 부를 결정하고 경쟁력을 확보하게 될 것이다.

창의력은 교육 경쟁력의 핵심이다. 그러므로 창의력과 전문성을 바탕으로 문제해결 능력, 자기 주도적 학습력 향상, 비판적 사고능력과 같은 고등사고 능력을 키워 가는 것이 교육목표가 되어야 할 것으로 본다. 또한 대학의 개혁과 사회개혁을 통해서 공교육을 바로 잡아주어야 한다.

세계의 많은 나라들이 주변국인 중국이나 싱가포르, 일본도 공교육의 발전을 통해서 국가 경쟁력을 제고시키는 데 집중하고 있음을 우리는 보고 있다. 공교육의 정상화로 신뢰를 얻고 공감대를 함께 할 수 있는 개혁해야 할 것이며 사교육의 수요를 학교로 끌어들이며 학교 교육만 받아도 경쟁력이 생길 수 있는 방향으로 개혁과 개선이 이루어졌으면 하는 희망을 품고 싶다.

그러나 교육개혁을 위해 정치권이 너무 나서서 교육을 흔들어 주지는 말았으면 한다. 교육이 정치 논리에 휘둘리면 안 된다. 정치는 교육을 도와주고 밀어주기만 했으면 좋겠다. 교육계 스스로가 사명 의식을 가지고 우리 교육에 문제점을 하나씩 해결해가면서 교육 경쟁력을 갖추어 나가기를 바란다.

교육 경쟁력은 국가 및 교육 기관의 교육 수준과 교육력 향상의 중요한 요소이다. 교사들의 전문성을 강화하고 교육 방법과 교육 자료를 개선해 나가야 하며 현대적인 시설과 기자재를 갖추고 학생들의 학습 환경을 개선하며, 교육과정을 효율적으로 운영할 수 있도록 지원해야 한다.

또한 학생들이 안전하고 편안한 환경에서 학습할 수 있도록 시설과 환경을 개선하고 학생들의 건강과 복지를 지원해야 하며 교육 소외 계층을 지원하는 정책을 마련해야 한다.

위의 요소들을 고려하여 교육 경쟁력을 높이는 것은 국가와 교육 기관의 중요한 과제이며 이를 통해 우리 학생들이 성공적으로 성장하고 국가적으로 발전할 수 있을 것이다. 우리도 강국이 될 수 있다. 강국이 되기 위해서는 우리 교육이 변해야 한다. "교육의 경쟁력이 살아야 미래가 열린다."

교육은 끊임없이 이어져야 한다

임성수 | 환웅천황교 총재

자손후생(子孫後生) 통해 촌음초월 일(日)월(月)년(年)으로 백(百)천(千)만년(萬年) 계승되어 한결같이 삼신생명덕(三神生明德) 중단 없이 정도로 이어져야 인생길이 바르게 계승된다.

삼신(天地人) 천조(天祖) 바른 덕을 계승 못 하면 금수(禽獸)로 가는 길이다. 삼신(天地人) 천조(天祖) 문화유산을 함부로 파괴하지 마라. 복잡하고 어렵다는 등 무지몽매한 자들이 천문한문(天文韓文)을 없애고 간자(簡字)를 만들고. 말글 전용의 문화유산 말살은 망나니들의 작태이자 인류문화 파괴이며 인(仁)·의(義)·예(禮)·지(智)를 모르는 금수의 길이다.

남자는 남자의 길이 있고 여자는 여자의 길이 있다. 또 어른은 어른답게, 어린이는 어린이답게, 늙은이는 늙은이답게 각자 사명 다해 행하고 살아감이 만인 평등 자유이고, 부부는 가정성전(家庭聖殿)으로 화합하고 서로 존경하며 이끌어 간다.

천지 선조 한마음으로 천(天)·조(祖)·덕(德)을 기리며 효(孝)·예(禮)·덕(德)으로 자손을 양육하면 인간의 영원한 도문(道門)을 여는 열쇠이니, 천하 대본 교육으로 사람 길을 열어가는 것이 천하진리의 길이라 한다.

한문(韓文)은 천조(天祖)가 내리신 천하 보문(寶文)으로 천하진리 표의(表意)문자요, 인간의 영원한 도문(道門)을 여는 열쇠이니 천하 대본 교육의 문이니라. 한글(韓契) 말글을 통해 인류가 자유롭게 소통하나 한문(韓文)의 뜻글을 배우지 않으면 이치를 모른다.

한문 삼월 뜻하느냐로 인류가 통일하고, 말글은 나라 사람마다 각각 다르니 세계 인류의 으뜸 28음 문자 한글(韓契)로 인류가 통일 바른 진리 소통되어야 한다.

설, 보름 제사(祭天祭祀)는 가정성전 삼신 종교로 영원한 천조 덕을 기리는 숭고한 종교의식이니라. 이것을 천만년 이어갈 때 오륜 천하달도 계승되고 오상 천하달 덕 계승되며 천명·솔성·수도·천하 대본·교육 계승되니 인류가 살아갈 문명이 억만년 열리게 된다.

양만(洋蠻)족이란 효제충신 덕(德)과 이치(理致)를 모르고 한문(韓文)인 부문을 모르고 말글로만 아는 무리이니, 인간은 천문(天文)으로 덕도(德道)에 가기 때문이다.

화복(禍福)은 자신 마음에서 결정짓는 것이니 남의 탓이나 운수가 아니요. 교육은 마음이지 운수가 아니요. 교육은 마음을 다스리는 데서 시작되니 열과 성을 다해 노력하면 성공하고, 근면·성실이 부족하면 실패하며, 화복(禍福) 성패는 스스로의 마음에서 비롯되니 천하 교육 극기복례위인(克己復禮爲仁)에서 이루어진다.

1) **부부자자**(父父子子): 아버지는 아버지답게 아들은 아들답게, 형형제제(兄兄弟弟) - 형은 형답게 아우는 아우답게 행동하는 것이 만인의 평등이다.

2) **가정성전**(家庭聖殿): 부부처처(夫夫妻妻) - 남편은 남편답게 아내는 아내답게, 부부자자(父父子子)・형형제제(兄兄弟弟)의 각각 주어진 사명을 다하고, 효제충신(孝悌忠信) - 부모에게 효하고 어른을 공경하며, 자손과 어린이를 보살피고, 근면・성실을 충실히 행하고, 이웃과 더불어 신의 있게 살아가는 것이 가정의 사명이고 성전의 목적이다.

3) **제천제사**(祭天祭祀): 천지(天地)신명에 제사하고 부모 조상에게 제사를 지내는 삼신 종교의식이다.

4) **종교의식**: 천지인(天地人) 삼신(三神)을 믿고 치성으로 제사를 드리는 의식을 말한다. 즉 삼신 종교의식을 말하는데, 이것이 종교의식이며 기타 신앙은 종교가 아닌 신앙의식인 것이다. 신앙의식이란 부처, 예수, 증산, 자연, 우상, 마호메트 등 기타 신앙의식을 말하며 천지 조상이 아닌 기타 신앙을 말한다.

5) **천명지성**(天命之性): 천심(天心)과 인심(人心)이 본연지성(本然之性)으로 성품이며 천성인성(天性人性)이다.

6) **솔성지도**(率性之道): 천심(天心)과 인심(人心)을 거느리는 것이 도(道)이며 천도인도(天道人道)이다.

7) **수도지교**(修道之敎): 천도(天道)와 인도(人道)를 가도록 가르치는 것이 교(敎)이며 천교인교(天敎人敎)이다.

8) **천하지본**(天下之本): 인심(人心)의 대덕성(大德性)이며 천성(天性)・지성

(地性)・인성(人性)・삼신덕성(三神德性)이다.

9) **천하지도**(天下之道): 오륜(五倫)의 대덕도(大德道)이고 부부(夫婦)・부자(父子)・곤제(昆弟)・장유(長幼)・붕우(朋友)・오덕도(五德道)이다.

10) **천하지교**(天下之敎): 오상(五常)의 대덕교(大德敎)이다.

11) **극기복례위인**(克己復禮爲仁): 자신의 헛된 욕심을 버리고 예의법도를 실천하면 사람 길로 가는 길이다.

어른과 아이는 차례가 있어야 한다. 이 말은 형우제공(兄友弟恭)으로 풀이되어야 한다. 형은 아우를 우애해야 하고 아우는 우애하는 형에게 공경을 다해야 한다. 이는 형제간의 정의(情誼)도 동등하고 일반적이 아니라는 것이다. 이 세상은 일방적인 것이 있을 수 없다.

인간 세상은 공존공영의 에로스적 산물의 사회이기 때문이다. 주고 받는 공전의 생을 누려야하기 때문이다. 인간의 사랑은 모두 에로스의 사랑으로 포괄됨으로써 형형제제(兄兄弟弟)의 도리가 성립된다. 형은 형다워야 하고 동생은 아우다워야 한다. 즉 각각의 도리를 다해야 한다. 그래야 상하의 관계와 좌우의 관계가 원만한 질서로 조화를 이룩할 수 있을 것이다.

물론 윗물이 맑아야 아랫물이 맑다는 것과 같다. 내가 대접받기를 원하거든 남을 먼저 대접하라는 말과 같다. 또 자기가 하기 싫은 일은 남도 싫은 것이니 남에게 시키지 말라는 것이다. 찬물도 손위가 있다 하니 질서란 각자의 인격을 존중하는 데 있다.

따라서 성현(聖賢)에 이르되 그 사람 됨됨이가 되어있으면, 부모에 효도하고 형제에 우애하면서 윗사람을 하찮게 여기는 자는 드물다. 윗사람을 함부로 여기지 않는 참된 사람은 근본이 된 사람이라 어떠한 곤경에 있어도 참 삶의 길이 열린다.

그런 때문에 장유(長幼) 사이는 우애와 공경이 제일이니 겸양(謙讓)의 덕으로 서로 양보하며 격려하는 덕행(德行)이 실천되는 새로운 세상으로 선도(先道)하는 삶이 충만한 세상이 되었으면 한다.

인구 문제 해결에 답이 있다

임종은 | 전)한국문학신문 편집국장, 시인

우리나라의 인구 문제가 국가적 재앙 수준에 와 있다는 사실은 국민 대부분이 알고 있으리라 본다. 우선 노동인구의 감소와 내수시장의 침체로 경제가 무너지게 된다. 경제성장의 핵심 기반인 16~64세까지의 생산가능 인구가 20년 후에는 1천만 명이 줄어든다고 한다.

또 국방 안보 문제 역시 현역병 감소로 인하여 부대 조직의 감소 현상이 가속됨에 따라 일부에서는 50~60대의 현역병 복무도 검토해야 한다는 말까지 나오고 있다. 초·중학교의 폐교 현상이 예전에는 농촌지역에서 볼 수 있었으나 지금은 서울에서도 초등학교 폐교와 통폐합 현상이 생기고 있다.

그래서 많은 학자나 뜻있는 지도자들이 대책을 모색하고 의견을 제시하기도 했지만 좀처럼 개선될 기미는 보이지 않는다. 그래서 위정자나 행정기관이 아직 그 심각성을 느끼지 못한 것이 아닌가 하는 의구심이 든다. 인구 문제와 관련된 기관인 보건복지부. 여성가족부. 행정안전부. 기획재정부. 교육부. 국토교통부 등 여러 기관에서 추진하고 있다고 하지만 '언 발에 오줌을 누기식' 대책에 맴돌기 때문이라 본다.

최근에 읽은 모 경제신문의 기사를 보면 '우리나라의 경제는 21세기를 달리고 있는데 정부는 20세기의 법과 규정을 가지고 행정을 한다'라는 요지의 글을 본 적이 있다. 그런데 국민의 눈에는 대부분의 국가 공조직이 혁신적이고 창의적인 정책과 행정을 하기보다는 국민의 세금을 낭비하면서 조직 고수에만 여념이 없는 듯 보인다.

결혼과 저출산 문제는 수많은 사유가 복합적으로 작용하며, 결혼 비용, 주택문제, 직장 문제, 교육비, 의료비 등 모든 문제가 관련되기 때문에 국가나 자치단체 등 행정기관에서는 우선 예산 타령하기 마련이다.

그러나 인구 문제는 국가적인 명운이 달린 문제라는 엄중한 현실 인식을 두고, 정확한 추진 방향의 설정 때문에 대통령 산하의 강력한 사령탑을 통해 추진해야 하며, 여야 협의를 통한 범국가적인 예산 지원 등이 수반되어야 한다.

우선 추진 방향과 대책을 제시하기 전에 한반도 미래연구원에서 최근 조사연구업체와 함께 전국의 20~49세 남녀 2,000명을 대상으로 결혼과 출산에 대한 심층 인식 조사한 결과에 대한 디지털타임스(2024. 9. 1)의 보도를 요약하면 다음과 같다.

'결혼 의향이 없다'라고 응답하는 여성은 34.6%, 남성은 21.5%였다. 결혼을 피하는 이유로는 남성은 '경제적으로 불안해서'(20.1%), 여성은 '혼자 사는 것이 더 행복할 것 같아서'(17.6%)를 꼽았다. 출산 의향이 없다는 응답은 전체의 42.6%에 달했으나 여성이 52.9%로 남성(33.1%)보다 많았다.

또 이들 중에서 44% 상당은 정부 정책과 지원이 대폭 확대된다면 출산을 고려할 수 있다고 답했다. 이러한 인식조사 결과를 참고하면서 추진 방향 설정과 대책을 검토해야 한다.

첫째, 신혼부부의 주택문제를 해결해 주는 방안이다. 신혼부부를 위한 저렴한 임대주택을 제공한다. 예컨대 25평 규모 / 보증금 2,000만 원, 월 임대료 10만 원 정도, 10~30년 범위에서 임대 기간을 자율 선택하도록 하면 부담 없이 주택문제는 해결할 수 있을 것이다.

그리고 임대주택이 없는 지역에서는 주택자금을 대출해 주되, 25평대 주택 규모의 전세자금을 10~30년간 저렴한 이자로 대출해 주며 상환은 자율적으로 선택하도록 한다.

둘째, 여성의 경력단절 문제를 없앤다. 근로기준법이나 사규 등 노동관련법을 현실화하여 육아휴직이나 재택근무의 유연성을 부여하여 혼인으로 인한 여성의 경력단절 문제를 해결하기 위해서는, 탁아시설(유아원 유치원, 돌봄 시설)을 국가, 공공단체, 학교, 기업체 내에 설치를 의무화하여 아동과 같이 출퇴근할 수 있는 하는 분위기를 만들어야 한다,

그 외의 경우는 필요한 곳에는 돌봄 시설 등 탁아시설을 설치하여 소규모 직장이나 자영업에 종사하는 부모면 누구나 자유롭게 이용할 수 있게 하며, 이에 따른 비용은 국비와 지방비로 지원한다.

이렇듯 결혼 적령기에 주택문제와 육아로 인한 여성의 경력단절 문

제가 해소된다면 혼인율과 출산율이 많이 늘어날 것이다.

셋째, 사회적 혼인 장려 운동 전개가 필요하다. 현재 사회적인 분위기나 미혼자들의 의식이 독신주의, 비혼주의에 대한 의식이 팽배해 있다. 예컨대 개인의 취향에 따라 인생을 즐기면 되지, 혼인이라는 굴레에 얽매여 살 필요가 있는가? 하고 싶은 일을 하고, 여행도 하며, 인생을 즐기면 되지 않은가? 라는 의식 들을 가지고 있으며, TV에서도 이를 부추기고 있는 현실이다.

그래서 경제적 문제나 경력단절 문제 못지않게 많은 미혼자의 인식이 결혼은 필수적, 이 아닌 선택적이라는 의식이 팽배해 있다. 더구나 TV 등 영상 매체마다 비혼에 대한 호의적인 모습을 자연스럽게 방영하고 있는 현상이다. 따라서 이제부터는 범사회적으로 결혼에 대한 호의적인 인식을 고취하고 주선할 필요성이 있다.

구체적인 방법으로 국가기관, 자치단체, 공공기관과 대기업을 중심으로 남녀 간 만남 행사를 추진한다. 전문가와 행정기관 등의 협조로 자발적인 미팅 행사, 자연스러운 만남 이벤트 행사를 지속해서 진행한다. 인위적인 만남이 효과가 있을까? 하는 생각도 있겠지만, 현재 모 종교 단체에서는 수년 전부터 큰 호응 속에 수백 명을 대상으로 꾸준히 진행하고 있다.

더불어 언론 방송을 통한 지속적인 홍보로 인구절벽을 해결하기 위해 범국가적으로 추진해야 할 것이다. 또 유명인 등 명사 강연, 교양 프로그램을 편성하여 가족과 형제, 가정의 중요성과 따뜻한 정과 어린아이들을 통한 행복한 생활을 보여줄 필요성이 있다.

다음으로 결혼과 저출산 문제에 걸림돌이 되는 소소한 문제도 해결하는 방안을 제시한다.

먼저, 결혼 비용의 일부를 국가 지자체 단위에서 지원해주는 방안으로, 신혼부부가 걱정하는 결혼 비용은 혼수와 결혼식장 문제가 대부분이다. 혼수는 개인적인 수준에 맞도록 허례허식 타파 차원의 사회적 제도가 필요하며, 결혼식장은 행정기관. 공공기관 회의실 등을 대여하는 방안과 사회자. 주례. 사진 촬영 등도 최대한 협조한다.

더불어 출산 비용의 국가 지자체 단위에서 해결해 주는 방안으로 임신, 출산, 산후조리 등 전 과정의 의료비 등을 지원하며, 출생아에 대한 일정 기간 의료비 부담 및 의료보험 적용을 현실화시킨다.

결론적으로 결혼과 저출산 문제를 곧 효과를 보기 위해서는 국가나 자치단체 등에서 단기, 중기, 장기적인 예산이 소요될 것이다. 그래서 장기적인 문제는 국가 예산 편성 시 정치적인 결단과 협의가 필요하다.

그리고 현재 각 공공단체나 조직에서 집행되고 있는 예산 중에는 긴요하지 않은 예산이 많다. 이는 실제 집행부서나 감독 부서에서는 잘 인지하고 있을 것이다. 그래서 국비나 지방비로 추진되고 있는 수많은 예산 중 타당성과 완급을 검토하여 과감히 정비하면, 인구절벽을 막는데 재원으로 많은 부분을 활용될 수 있을 것이다.

각 부처나 공공단체의 예산 삭감에 대한 반발이 있을 수 있으나, 국가적 위기 대응에 따른 결단이 있어야 한다. 때에 따라서는 1~2개 부처의 통폐합이나, 공공단체에 대한 대폭의 수술도 필요할 것이다. 만약 이러한 확고한 의지와 강력한 추진력이 없다면, 우리 사회는 인구 문제를 해결하지 못한 채, 절벽으로 굴러가는 수레의 처지가 될 것이다.

원자력 강국 vs 핵무장, 같이 갈 수 없는 길

임은정 | 공주대학교 국제학부 교수, 국제학 박사, 칼럼리스트

러시아와 우크라이나 간 전쟁이 장기화하는 가운데, 북한의 파병설마저 불거지면서 파장이 크게 일고 있다. 그동안 전쟁을 일으킨 러시아에 대항하기 위해 미국을 필두로 한 서방 국가들은 우크라이나를 지원하긴 했지만, 직접적 개입을 피하면서 이 전쟁이 '국제전'으로 비화되는 것을 막으려 해 왔다. 그런데 북한의 개입이 수면 위로 부상하면서 이 전쟁이 유럽의 안보와 동아시아의 안보를 직접적으로 연결시키는 양상으로 발전하고 있어 심히 우려스럽다. 더군다나 그 어느 때보다 접전일 것으로 예상되는 대선이 2주도 채 남지 않은 상황에서 미국 역시 난감한 눈치다. 북한에 더 단호해야 한다는 우크라이나의 젤렌스키 대통령의 요구에도 불구하고 마땅한 대응책을 제시하지 못하는 형국이다.

우크라이나 전쟁은 분명 냉전 이후, 세계사에 큰 변곡점이 될 만한 일대 사건이다. 이 전쟁은 세계 최대의 핵무기 보유국이자 2차 세계대전에서 연합국이었기 때문에 유엔 안보리 상임이사국이라는 지위를 얻은 구소련, 지금의 러시아가 유엔 헌장의 정신을 위배하고 주권 국가의 영토를 침범했다는 것만으로도 이미 국제 정세의 판을 뒤흔들 만한 사건이었다. 그런데다가 지난 달 러시아의 푸틴 대통령은 필요하면 핵무기를 사용할 수 있다는 내용을 담아 핵무기 사용 원칙 개정을 공식적으로 선언했다. 유럽 남부의 최대 원자력 발전소인 자포리자 원전은 러시아의 통제 하에 놓이면서 전력 생산을 위한 시설이었던 원전이 폭탄이 될 수도 있다는 경각심을 불러일으키기도 했다.

한편 러시아의 천연가스에 의존해 왔던 유럽 국가들은 기후위기 대응을 위한 녹색 에너지로의 전환을 가속화하면서도 에너지 안보를 그 어느 때보다 걱정하지 않을 수 없게 되었다. 러시아는 이미 전쟁 전부터 가스로 유럽 국가들에게 지정학적 레버리지(지랫대)를 활용해 왔다. 예를 들어 독일에게는 적극적으로 가스를 공급해 왔던 반면, 미국의 미사일 방어 계획을 지지했었던 체코에게는 가스 공급을 중단하는 식의 방법으로 이른바 유럽 국가들을 '길들이기' 했던 것이다. 체코의 원전 확대 방침은 이런 쓰라린 경험에 의한 측면이 있으며, 한국을 우선협상대상자로 선정한 데에도 지정학적 판단이 작동했을 것이라 추정된다. 지난 달 말 한국을 찾은 슬로바키아의 로베르트 피초 총리와 윤석열 대통령 간의 정상회담에서 원자력 및 방산 분야의 협력을 강화하기로 합의된 것 역시 이런 흐름의 연장선에서 이해할 수 있다. 요컨대 동유럽 국가들을 필두로 국방은 물론 에너지 안보 차원에서도 전략적 이해관계가 충돌하지 않으면서 기술적으로 뛰어날 뿐만 아니라 재정적인 측면에서도 효율적인 원자로 건설을 제안할 수 있는 한국과 원자력 분야의 협력을 도모할 국가들은 앞으로도 계속 나타날 수 있다. 이는 한국에게 또 다른 기회일 수 있다는 것은 부정하기 힘들다.

따라서 이 시점에서 대한민국 사회가 깊이 고민해 봐야 하는 것이 핵무장 지지 여론과 원자력의 평화적 이용 사이에 발생하는 논리적인 충돌이다. 한국이 북한에 비해 경제적으로나 국제 사회에서의 지위 측면에서나, 기술적으로나, 재래식 전력 및 전반적인 국방력에 있어서나 월등히 우위에 있음에도 불구하고 국민들 사이에는 결국 '핵무기'라는 비대칭전력으로 인한 불균형에 대응하기 위해서는 핵 밖에는 없다는 인식이 확산되어 왔다. 최근 한국의 자체 핵무장을 지지하는 여론이 다시금 강화되고 있다. 중앙일보와 동아시아연구원(EAI)의 최근 여론조사 결과에 따르면 응답자의 무려 71.4%가 북한이 핵을 고수한다면 한국 역시 핵무장을 해야 한다고 답했는데, 이는 확장 억제를 강화하고 한미 간 핵협의그룹(NCG: Nuclear Consultative Group)을 설치하기로 한 '워싱턴 선언' 등의 영향으로 다소 낮아졌던 추세가 다시 반등된 것이라는 분석이다.

물론 한국 국민들의 이러한 우려는 작금의 국제 정세를 돌아볼 때 이해가지 않는 것이 아니다. 그러나 만약에라도 한국이 자체 핵무장의 길을 가게 될 때 그것이 가져올 국제적인 파장은 북한의 핵 야욕에 비할 수 없으리라는 것을 유념해야 한다. 북한이 2003년 마침내 탈퇴한 핵확산방지조약(NPT: Nonproliferation Treaty)은 불공평한 국제 조약이라는 비판이 여전히 있지만, 전 세계 존재하는 195개 국가 중 191개가 가입하고 있는 최대의 국제 조약이자 규범 체계다. 한국이 만약 핵무장의 길을 간다면 그 근간마저 흔들릴 수도 있다.

한국이 속한 아시아만 둘러보아도 동남아시아 국가들과 몽고는 '비핵지대(NWFZ: Nuclear-Weapon-Free Zones)'를 선언하고 핵무기의 개발, 배치, 사용을 금지하고 있다. 한국과 같이 안정적으로 원전을 운영하여 에너지 안보를 강화하고 싶어 하는 국가들이 늘어나고 있는 지금, 한국이 핵무장의 길을 간다면 원자력 에너지의 평화적 이용이라는 기후위기 시대의 필요한 흐름에서 한국은 도태되고 또 하나의 외로운 룰 브레이커(rule breaker)로 전락할 수도 있다. 원자력 에너지의 책임 있는 평화적 이용을 지지하면서도 핵무기와 핵 위협에는 단호히 저항한다는 자세를 일관되게 견지할 때 한국을 지켜보고 있는 많은 신흥국가들에게 영감을 줄 수 있을 뿐 아니라, 국제사회의 질서 유지에도 기여할 수 있다는 것을 거듭 상기해야 하겠다.

누리호 발사
그 이후 펼쳐지는 K-우주시대

임석희 | 한국항공우주연구원 책임연구원, 항공우주기계 열유체전공 박사

　쉽게 표현하자면 로켓 - 발사체는 일종의 '탈것'이다. 우리가 물건이나 사람을 한곳에서 다른 곳으로 옮길 때 사용하는 자동차, 버스, 택시, 트럭과 같은 각종 운송 수단처럼 로켓은, 발사체는 우주 버전의 운송 수단이다. 여기에 태우는 것이 물건이면 위성이나 탐사선이고, 사람이면 우주인이 된다.

　우리가 지구에서 무엇인가를 옮길 때는 어느 한 지점으로 이동시키지만, 우주에서는 궤도라는 선으로 된 곳으로 이동시킨다. 즉, 지구 주변의 한곳으로 옮겨진 무엇이 충분한 속도를 가지면 그 무엇인가는 어떤 고도에서 지구로 떨어지지 않고 우주의 한 궤도를 돌며 머물게 되는 것이다. 이때 지구에서 우주로 옮기는 역할을 로켓, 발사체가 하고 그래서

우리는 이를 우주수송체 혹은 우주수송선이라고 부른다.

한국항공우주연구원은 그동안 우주로 갈 수 있는 차량을 만들기 위해 노력해 왔고, 이번 주 (24일) 예정된 누리호 3차 발사를 앞두고 있다. 이미 2022년 2차 발사에서 누리호는 궤도 투입 확인용 검증위성과 초소형 위성 4기를 700km 궤도에 성공적으로 투입했고, 이번 3차 발사에서는 차세대 소형위성 2호와 큐브위성 7기를 궤도에 투입한다.

즉, 누리호 1차 발사와 2차 발사가 궤도 투입 연습이었다면, 이번 누리호 3차 발사는 실제 위성을 최초로 발사하는 실전인 셈이다.

이후에도 누리호는 서너 번 더 발사가 예정되어 있다. 이를 통해 우리나라는 안정적으로 움직이는 신뢰도 높은 우주 차량을 가지게 된다.

발사 순간의 화염과 굉음이 주는 짜릿함을 많은 이들이 기억하고 있을 것이다. 이번에도 우리는 성공적인 점화와 이륙 순간에 또 궤도 투입 순간에 열광할 것이다.

그러나 좀 더 생각해 보면 로켓 발사는 발사 그 자체, 궤도 투입 그 자체 거기까지일까? 대학 입시에서 합격은 순간의 기쁨이고 이후 어떤 대학 생활을 하느냐가 더 중요한 것처럼 지난 20여 년간 몇 번의 발사를 경험하면서 필자는 점차 발사 성공 그 너머의 것에 주목하게 되었다.

우주 개발과 관련된 몇 가지 활동을 차례대로 생각해 보자. 우리는 위성을 만들고 로켓을 만들어서 일단 궤도에 올린다. 그러면 위성은 예를 들어 항법, 통신, 이미지와 같은 각종 데이터를 지구로 내려보낸다. 이 데이터는 지상에서 유의미한 정보로 가공되고 이때 우리는 최고의 부가가치를 만들어 낼 수 있다.

일반적인 산업 생태계가 제조생산을 1차 산업, 물류를 2차 산업, 서비스를 3차 산업이라고 하듯이 위성과 발사체를 만들어서 발사를 하는 부분이 1차 산업, 위성이 우리에게 전하는 데이터들을 저장하고 배포하고 가공하는 것이 2차 산업, 마지막으로 우주 정보를 이용해서 우리 일상생활이 보다 편리해지고 보다 신속하고 정확한 정보 분석으로 부가가치가 올라가는 서비스가 3차 산업에 해당할 것이다.

특히 우주 분야에서는 위성과 발사체를 우주 공간으로 올리는 것을 업스트림 산업, 위성에서 데이터를 내려보내고 이를 가공하여 서비스를 창출하는 것을 다운스트림 산업이라고 부른다. 전자가 하드웨어에 가깝고, 후자는 소프트웨어에 가깝다.

다른 사업군들과 마찬가지로 우주산업에서도 업스트림보다 다운스트림 시장이 거의 10배 가까이 크다. 휴대폰 기기보다는 통신사업이 또 애플리케이션 시장이 훨씬 큰 것처럼 말이다.

누군가는 한정된 자원을 고려할 때 대부분의 우주 시장을 차지하는 다운스트림에만 집중하는 것이 더 효율적이라고 주장할 수도 있다. 일면 그럴 수도 있겠다. 그러나 업스트림 없는 다운스트림의 성장에는 한계가 분명하다.

내 트럭, 내 버스, 내 자동차가 없는데 어떤 물류, 어떤 여행, 어떤 서비스가 가능할 수 있겠는가. 물론 외제차를 이용할 수도 있다. 그런데 만약 내가 한참 부가가치를 올리고 있는데, 외제차를 구매할 수 없는 상황이 된다면? 이후의 전개는 독자들 상상에 맡긴다.

물론 세계 모든 나라가 자동차를 생산하지는 않는다. 하지만 자동차

생산능력이 없는 국가와 자동차 생산능력을 갖춘 대한민국의 경제 자유도를 생각해 본다면 나는 하향 평준화를 지지하고 싶지는 않다.

일단 업스트림을 갖췄을 때 비로소 다운스트림 분야의 본격적인 성장이 가능해진다. 새로운 우주시대에 다운스트림은 무수한 임무를 창조해내며 업스트림의 발전을 자극한다. 최근에는 반도체 소자기술의 발달로 위성은 과거보다 작아지고 제작 비용이 과거 대비 10~100분의 1 수준으로 낮아지면서 설령 최종 임무 완수에 실패하더라도 위험 부담이 용인할 만한 수준이 되었다.

그 덕분에 무수히 많은 도전적인 시도들이 가능해졌고 위성 제작과 운용, 데이터 활용 기술의 발전은 몇 단계씩 점프하며 도약 중이다. 지구에서 이미 사용 중이거나 검증 완료된 최신 기술들을 우주에서도 시도해보는 도전적인 사례들이 점차 증가하고 있다.

심지어는 궤도에 투입되어 잘 작동하는 위성도 위성 운용 프로그램을 고객이 원하는 대로 수정하고 업데이트하는 위성 서비스가 속속 등장하고 있다. 이런 위성을 'software defined 위성'이라고 부른다.

이 기술은 과거에도 있었다. 단지 과거에는 이런 작업이 자칫 위성 상태를 재기 불가능하게 만들 수도 있어서 얼마 전까지는 시도되지 않았을 뿐이다. 그러나 이제는 지구에서 사용해 본 기술들을 우주 버전으로 사용하는 과감한 시도를 보다 쉽게 해 볼 수 있게 되었다.

아르테미스 프로젝트로 대표되는 우주 탐사 부분까지 확대하면 탐사에 요구되는 각종 기술들을 개발하는 데 있어 더 다양한 업스트림, 다운스트림 기업이 추가되고, 그리하여 우주산업 생태계는 더욱 풍부해진다. 지금껏 생각해보지 못했던 서비스를 새로 만들어내고, 무모할 수도 있는 도전적 임무를 시도하기 위해 다운스트림이 주요 고객이 되어 보다 저렴한 우주궤도 탑승권과 보다 자주 출발하는 우주 차량을 요구하며, 심지어는 우주 공간 내 한 궤도에서 다른 궤도로 이동하는 궤도 수송을 요구하는 등 고객이 업스트림의 발전을 견인한다.

누구나 쉽게 위성을 만들어 누구나 쉽게 우주궤도에 올릴 수 있는 우주 접근의 보편화는 뉴스페이스 시대의 한 특징이다. 이렇듯 다운스트림과 업스트림의 자체 혁신, 그리고 상호 연결성으로 우주산업 생태계의 선순환 구조가 완성된다.

지난 30여 년간 대한민국 우주 역사에서 많은 사건들이 있었다. 우리나라도 무궁화 통신위성을, 저궤도 아리랑위성을, 정지궤도에는 천리안위성을 배치했고 이 위성들이 지구로 내려주는 위성 정보를 바탕으로 재난·재해와 같은 사회문제를 비롯한 여러 이슈들을 다룰 수 있게 되었다.

또 우리나라는 우주인도 배출했고 우주탐사선 다누리호를 달로 보내는 데도 성공했다. 그리고 이제 우리 발사체로 우리 위성을 우주궤도에 투입하는 실력을 보유하게 되었다. 이 과정에서 국내 우주 분야에서도 업스트림과 다운스트림 영역에 몇몇 기업들이 탄생할 수 있었다. 앞으로는 어떤 변화가 생길까?

2023년 2월 정부가 발표한 제4차 우주개발진흥기본계획에서 민간 주도 우주 개발의 기조를 읽을 수 있다. 뉴스페이스 시대에 말하는 민간 주도는 한마디로 '내돈내산'이다. 기업이 우주기술을 개발하는 데 있어 세금에 크게 의존하지 않고 민간 자체 투자를 하고 시간과 비용의 효율을 극대화하여 경쟁력을 높이는 것이 핵심이다.

국내에서는 차세대 중형 위성처럼 이미 민간에서 위성을 만들기 시작했고, 발사체와 관련해서는 최근 소형 발사체 시험발사라는 성과를 내놓는 기업들이 등장하고 있다.

국내 우주시장에서 수요자와 공급자가 점차 다각화하고 있다. 발사와 궤도 투입을 미리 경험한 한국항공우주연구원과 정부는 이들이 성장할 수 있도록 기술과 정책적인 지원사격을 하고 있다. 국내 우주 기업들이 해외시장에서도 살아남을 수 있도록 비용 경쟁력 있는 기술을 과감하게 적용하여 한 단계 더 점프하기를 희망한다.

더 나아가 위성 활용 분야와 일반 산업 분야가 융합되어 기존 산업의 가치를 상승시키는 다양한 솔루션들이 제시되길 희망한다. 그리하여 이제는 이런 솔루션을 제시하기 위해 어떤 탑재체가 어떤 조건으로 어떤 데이터를 모아야 하는지, 이를 위해 어떤 방식으로 발사하는 것이 필요한지를 요구하는 보다 고객 중심적이고 임무 중심적인 우주 개발이 정착되기를 희망한다.

위성 활용에서 요구한 소형 위성 군집 운용 방식은 우주 부품의 대량생산 시대를 열었다. 위성이건 발사체건 양산을 하면 가격 혁신은 또 한 번 가능해진다.

그리고 저렴한 하드웨어의 사용료는 다시금 새로운 소프트웨어 활용 방식을 창조하는 등 이런 과정이 반복되며 우주 생태계는 성장한다. 모든 생태계는 순환하며 지속성을 확보한다. 우주산업 생태계 또한 순환

해야 지속 가능하다. 이는 민간 금융이 투자하여 개발하는 뉴스페이스 시대에서는 더욱 그러하다.

누리호의 짜릿한 이륙 순간을 곧 다시 만나게 된다. 10년 넘는 시간을 바쳐 탄생한 우리의 피조물이 우주 공간을 향해 멋지게 질주하기를, 대한민국에 새로운 우주 개발 시대를 열어주기를 간절한 마음으로 기도한다.

캠프 데이비드 1주년 성과

임종니 | 전 국방연구원 사무국장

캠프 데이비드 정상회의(2023년 8월 18일) 이후 지난 1년간 한미일 안보협력은 지속적인 발전을 이루고 있다. 한미일 안보협력은 북한의 핵·미사일 기술 개발로 인해 한반도 안보 위기가 고조되고 있는 가운데 한미 연합방위 태세를 보강하고 인도-태평양 지역 질서를 강화하는 핵심축으로 자리 잡고 있다.

한미일은 작년 8월 조 바이든(Joe Biden) 대통령의 초청으로 캠프 데이비드(Camp David)에서 개최된 첫 단독 정상회의에서 공동성명이자 협력 이행 방안을 담은 '캠프 데이비드 정신(The Spirit of Camp David)', 협력 원칙을 명시한 '캠프 데이비드 원칙(Camp David Principles)', 공동의 위협 대응 조치에 관한 '한미일 협의 공약(Commitment to Consult)' 등 3개의 공동 문건에 합의했다.

한미일 정상은 유엔(UN)안전보장이사회의 이사국이자 핵확산금지조약의 당사국으로서 북한의 완전한 비핵화 공약을 재확인했고 북한과의 조건 없는 대화를 강조했다. 이에 따라 한미일은 북한 미사일 정보 실시간 공유 메커니즘을 연말까지 확보하고 탄도미사일 방어 협력을 강화하기로 했다.

한미일 정상은 대만해협의 평화와 안정의 중요성과 양안 문제의 평화적 해결을 재확인했다. 특히 남중국해에서 불법적인 해상 영유권 주장 등 중국의 일방적인 현상 변경 시도를 반대한다고 강조했다. 한미일은 3국의 해양 안보협력 프레임워크를 출범시켜 아세안, 태평양 도서국과 협력을 추진한다고 발표했으며, 한미일은 우주 안보협력에 관한 3자간 대화를 증진한다고 합의했다.

상기 과제를 달성하기 위해 한미일은 정상회담, 외교·국방 장관 회담, 국가안보실장 회담, 인도-태평양 대화, 다 영역 차원의 군사훈련을 연례적으로 개최할 것임을 합의했다. 3국 정상은 다양한 연례적 회의 개최를 약속함으로써 역내 안보 위협에 대해 신속히 대응하기로 했다.

캠프 데이비드 정상회담에서 합의한 내용을 이행하기 위해 한미일은 지난 1년간 다양한 노력을 기울였다. 캠프 데이비드에서 3국 정상이 합의한 내용은 과거 한미일 3자의 대북정책조정감독그룹(TCOG)과 정보공유약정(TISA)의 협력 범위를 뛰어넘는다. 그리고 지난 1년간 3자는 안보협력을 제도화하기 위한 틀을 갖추는 데 노력했다.

주요 성과로서 한미일은 3국 군사훈련을 통해 한반도와 인도-태평양 지역의 평화와 안정을 도모하고 있다. 한미일은 지난 1년간 공중, 해상, 다양한 영역에서의 군사훈련을 여러 차례 진행함으로써 상호운용성 증진을 위해 노력하고 있다.

그 시작은 작년 10월 22일 한반도 남쪽 한일 방공식별구역(ADIZ) 중첩 구역에서 사상 처음으로 진행한 연합공중훈련이다. 이 훈련은 캠프 데이비드 정상회의에서의 합의사항을 이행하고 북한의 핵·미사일 고도화에 대비하기 위해 미 공군 전략폭격기 B-52H를 한국과 일본의 전투기가 호위하는 방식으로 진행되었다.

또한, 한미일은 11월 26일 제주 동남방 공해상에서 해상 훈련을 진행했다. 북한의 정찰위성 발사 직후 북한의 핵·미사일 위협 고도화에 대한 대응능력을 증진하기 위해 한미일은 해상 기동훈련 및 방공 전 훈련을 시행했다. 뒤이어 12월 20일 한미일은 제주 동방의 한일 방공식별구역에서 연합공중훈련을 진행했다.

해당 훈련은 고체 추진 대륙간탄도미사일 발사에 맞서 3국의 능력을 강화하기 위해 계획되었고, 미 B-1B 전략폭격기 전개와 연계하여 우리 공군의 F-15K 전투기, 미 공군의 F-16 전투기, 일 항공자위대의 F-2 전투기 등이 참가했다.

나아가 올해 1월 15일 한미 해군과 일본 해상자위대는 제주 남방 공해상에서 해상 훈련을 진행했다. 이 훈련에는 미국의 핵 추진 항공모함인 칼빈슨호(CVN-70)가 참가하여 북한의 핵·미사일 위협에 대한 한미일의 억제 및 대응능력을 높이는 데 주력했다.

한미일은 사상 처음 다양한 영역의 훈련인 '프리덤 에지(Freedom Edge)'를 제주 남방 공해상에서 6월 27일부터 29일까지 실시했다. 한미연습인

'프리덤 실드(Freedom Shield)'와 미일 훈련인 '킨 에지(Keen Edge)'를 혼합해 명명한 이 훈련에는 한미일 함정, 항공기 등이 대규모로 참가하여 "해상미사일 방어훈련, 대잠전 훈련, 방공하던·공중 훈련, 수색구조훈련, 해양차단훈련, 사이버 방어훈련을 시행"했다.

이 외에도 한미일은 미 태평양 공군사령부가 주관하는 실버 플래그(Silver Flag) 훈련(7월 22일)과 림팩(RIMPAC)(7월 26일) 등 다국적 훈련에 참여하여 인도-태평양 지역의 평화와 안정을 보장하기 위한 노력을 지속했다.

한미일 국방부 장관은 3자 안보협력 프레임워크(TSCF) 협력각서(MOC)를 체결함으로써 국방협력 제도화를 위한 토대를 마련했다. 지난 7월 28일 동경에서 열린 3국 국방장관 회의에서 신원식 장관, 로이드 오스틴(Lloyd Austin) 미 국방부 장관, 기하라 미 노루 일 방위상은 "한반도 및 인도-태평양 지역과 그 너머의 평화와 안정에 이바지하겠다는 의지를 재강조"했다.

한미일 안보협력 프레임워크 협력각서는 국방장관 회의, 합참의장 회의, 3자 훈련의 정례화 등 "한미일 국방 당국 간 안보협력을 제도화"하는 것으로 알려졌다. 이는 지난 6월 2일 싱가포르에서 3국 국방장관이 연내에 작성하기로 합의한 결과인데 계획보다 빨리 이뤄졌다. 3자 안보협력 프레임워크 협력각서는 법적 구속력은 없으나 각국 정부 부처 간 구체적인 협력을 위한 문서로써 제도화 측면에서 의미가 있다.

이보다 앞선 7월 18일 일본에서 한미일 합참의장 회의(TRI-CHOD Meeting)가 열렸다. 김명수 합참의장, 요시다 요시히데 일 통합 막료장, 찰스 브라운(Charles Brown) 미 합참의장은 요코다 미 공군기지를 방문하여 한미일 미사일 경보정보 실시간 공유체계를 확인했고 대만해협에서의 평화와 안정 유지의 중요성을 강조했다.

한미일 국방부 장관, 합참의장 회의의 정례화는 향후 3자 국방·군사 협력의 기틀을 마련했다고 평가할 수 있다. 한미일은 국방협력 외 다양한 분야에서도 협력을 이뤘다. 한미일 외교장관회의는 윤석열 정부 출범 이후 여러 차례 개최되었다.

지난 2월 22일 브라질 리우데자네이루에서 열린 주요 20개국(G20) 외교장관회의에서 조태열 장관, 안토니 블링컨(Antony Blinken) 미 국무장관, 가미카와 요코 일 외무대신은 한미일 회의를 별도로 개최하여 3국이 안보리 이사국 활동을 기반으로 북한 문제 및 글로벌 도전 과제 대응을 위해 긴밀히 공조하기로 했다.

이어서 6월 26일에는 한미일 첫 산업 장관회의가 미 워싱턴 D.C.에서 열렸다. 산업 장관회의를 정례화한다는 캠프 데이비드 합의에 따라 열린 이번 회의에서 안덕근 장관, 지나 러몬도(Gina Raimondo) 미 상무장관, 사이토 겐 일 경제산업 대신은 3국의 경제 안보 강화, 핵심·신흥 기술 발전, 경제 안보 및 인도-태평양 경제 프레임워크(IPEF)에서의 협력 증진을 강조했다.

또한, 한미일은 러시아의 거부권 행사로 유엔 안보리 대북 제재위원회 전문가 패널 임무가 종료된 상황에서 "대체 메커니즘 설립 및 연내 발족"을 위한 협의를 계속해나가기로 했다.

나아가 6월 26일 미 워싱턴 D.C.에서 한국경제인연합회, 미국상공회의소, 일본 경제단체연합회는 '제1차 한미일 비즈니스 대화'를 개최하여 한미일 경제협력체를 출범시켰다. 이들은 3국의 대표 경제단체로서 IT, 에너지, 인프라 분야에서의 정책제언을 하기로 했고, 연 1회 이상 '한미일 비즈니스 대화' 정례화에 합의했다. 캠프 데이비드에서 합의한 3국 경제협력 확대를 위한 노력의 일환이라고 평가할 수 있다.

북한의 핵・미사일 고도화와 적대적 두 국가 관계 규정, 러시아 - 북한 협력 확대로 인해 한반도 안보 위협이 고조되는 상황에서 한미일 안보협력은 그 어느 때보다 중요해졌다.

한미동맹과 달리 한미일 안보협력은 동맹 관계가 아니고 양자 차원이 아닌 다자차원에서 진행되므로 더욱 신중한 접근이 요구된다. 한미일은 캠프 데이비드에서의 합의사항을 지속해서 실행하고 있으나 다양한 도전에도 직면할 수 있다.

이에 따라 우리는 한미일 안보협력의 도전 요인을 식별함으로써 앞으로의 발전 방향을 점검해야 한다. 제기될 수 있는 도전 요인으로는 한미일 각국의 안보협력 정책 방향 변화로 인해 3자 연대가 약화할 수 있다.

한미일 안보협력은 대북정책 공조를 위해 시작되었다. 그러나 미국과 일본의 정책 방향은 대북정책 공조가 아닌 중국 억제에 집중될 가능성이 있다. 바이든 행정부의 국가안보 전략(NSS)은 중국을 국제질서를 변경할 의도와 이를 실행할 수 있는 능력을 갖춘 유일한 국가로 평가했다.

일본의 국가안보 전략도 남중국해와 동중국해에서 중국의 일방적인 현상 변경 시도가 센카쿠 열도 포함 일본 영토에 위협이 될 수 있다고 강조했다.

최근 미일 정상회담에서는 대만해협의 평화와 안정이 강조되었고 주일미군 사령부 개편이 논의되었다. 만약 미국과 일본이 한미일 안보협력의 방향을 대중 견제에 치중하면 한반도에는 전략 공백이 발생할 수 있다.

각국의 국내 정치 상황으로 인해 협력의 동력이 약해질 수 있다. 체계적인 발전을 이루고 있는 한미일 안보협력을 중단함으로써 미국과 일본이 얻을 수 있는 이익을 식별하긴 어렵고 각국의 정치적 셈법을 이해하기는 더욱 난해하다.

작년 11월 아시아태평양경제협력체(APEC) 정상회의 이후 각국의 국내 정치 일정으로 인해 한미일 정상회의가 열리지 못하고 있는 상황에서 연내 개최도 불투명한 상황이다.

캠프 데이비드에서 합의 내용 중 아직 이행하지 못한 의제는 향후 부담으로 작용할 수 있다. 이러한 배경에서 캠프 데이비드에서 논의한 아세안 국가 및 태평양 도서국과의 협력을 구체화할 필요가 있다. 한미일은 북·중·러가 참여하는 아세안지역안보포럼(ARF)에 참가했고, 한국은 한-태평양 도서국 정상회의를 주재했다.

한미일 재무장관회의(4월 17일)와 외교 차관회의(5월 31일)에서는 아세안과 태평양 도서국의 중요성이 강조되었다. 한미일은 두 지역과의 협력을 구체화하여 인도-태평양 지역의 평화와 안정에 이바지할 수 있다.

우주 안보협력 발전도 더욱 적극적으로 이룰 수 있을 것이다. 한미일은 작년 11월 8일 서울에서 3자 우주 안보 대회를 개최하여 "안전하고, 안정적이며, 지속할 수 있는 우주의 이용을 촉진하고, 우주 체계의 회복력을 강화하는 방안"을 논의했다.

한미일 안보협력의 핵심은 지속성 확보보다. 이를 통해 상기 도전 요인을 극복할 수 있을 것이다. 지속성 증진을 위해 다음과 같은 단계적 발전을 고려할 수 있다.

3국의 정부 부처 단위로 협력각서를 체결하여 더욱 견고하고 촘촘한 한미일 안보협력을 기대해볼 수 있다. 법적 효력이 없더라도 캠프 데이비드에서 3국 정상이 서명한 협의에 대한 공약, 최근 국방장관 회의에서 서명한 안보협력 프레임워크 협력각서와 같이 3국 부처 간 협력각서를 다수 체결한다면 전정부적(Whole of Government) 관점에서 협력의 지속성 확보에 도움이 될 것이다.

한미일 외교·국방 2+2회의 개최 및 정례화를 통해 3자 안보협력의 지속성을 확보할 수 있다. 캠프 데이비드에서는 3국 정상회의 등 다양한 고위급 회의의 정례화에 합의했다. 이에 더해 한미일 외교·국방 장관의 2+2회의를 정례화하여 한미일 안보협력의 방향성을 점검하고 결속력을 강화할 수 있다.

외교와 국방을 분리하지 않고 회의를 진행하는 이유는 두 분야가 밀접하게 연계되어 있기 때문이다. 한미와 미·일은 각각 2+2회의를 진행하고 있다. 이를 한미일 3자 차원에서도 진행한다면 3자 간 공통의 사안을 보다 효율적으로 다룰 수 있을 것이다.

한미일 안보협력 사무국 설치를 통해 협력의 제도화를 실현할 수 있다. 캠프 데이비드 정상회담 이후 한미일 안보협력은 정례화가 되었고 현재 제도화 단계에 들어섰다고 볼 수 있다.

이처럼 한미일 안보협력은 정부, 군, 민간에서 다양한 형태로 진행되고 있다. 이를 효과적으로 관리하기 위해 사무국의 기능이 요구되며, 한미일 안보협력 사무국은 현재 진행되고 있는 협력 의제를 관리하고 새로운 협력 의제를 발굴하는 등 협력의 컨트롤타워 역할을 할 수 있다. 사무국을 기반으로 한미일은 3자 협력을 더욱더 체계적이고 효율적으로 관리할 수 있을 것이다.

인도 - 태평양 지역의 안보 질서는 다양한 소다자 협력이 연결되는 격자형 체계로 변화할 수 있다. 최근 경제 안보와 군사 안보의 동조화로 인해 공급망이 더욱 견고해진 상황에서 역내 소다자 협력은 매우 중요해졌다.

캠프 데이비드 1주년을 맞아 한미일은 인도 - 태평양 지역에서 강력하고 견고한 안보 협력체로 발전해 나갈 수 있도록 상호 긴밀한 대화를 통해 안보협력의 방향성을 점검하고 지속성을 확보해나감으로써 한반도의 안정을 도모하고 인도 - 태평양 지역의 번영과 증진을 기대하여 본다.

필자 소개 (가나다 순)

임갑섭 전)서울시 교육위원회 의장, 수필가
임경렬 나주시 천연염색문화재단 박물관 관장, 전)나주문화원 원장, 시인
임금규 전)서울 강북구 행정사무관
임동규 Gf 에너지 주식회사 대표, 전)동아특장차(주) 대표이사, 시인
임동식 문학신문 사진부장, 수필가
임동준 동성산업(주) 회장, 전)한국포장협회 회장, 시인
임동준 한반도통일포럼 대표, 전)전남발전연구원 원장, 칼럼리스트
임록화 서울시 정원도시국 공원여가사업과 팀장
임만규 전)음악출판 청음사 대표, 시인
임무성 전)대통령 민정비서실 행정관, 전)서울 성동경찰서 서장, 수필가
임석희 한국항공우주연구원 책임연구원, 항공우주기계 열유체전공 박사
임성수 환웅천황교 총재
임성택 여주 성안건축 대표
임수홍 한국국보문학 발행인, 한국문학신문 회장, 시인
임승재 전)보해양조 상무이사
임양재 탑에너지/굿모닝에너지 부사장, 전)경찰청 경정
임연희 아트앤컬트코리아(주) 대표, 록 싱어
임영호 빛나는 칼라 자동차공업사 대표
임영희 전)서울두산초등학교 교장, 전)교육부 파견 연구원, 칼럼리스트
임왕택 나주임씨중앙화수회 감사
임은정 대전지방 경찰청 부장검사, 전)법무부 감찰담당관, 칼럼리스트
임은정 공주대 국제학부 교수, 국제학 박사, 칼럼리스트
임재근 전)합천 부군수, 전)대한노인회 경남연합회 부회장, 시인
임재택 전)문태고등학교 교장, 전)초당대학교 경찰행정학과 교수
임정기 나주임씨중앙화수회 부회장, 전)한국담배인삼공사 기능사
임정희 재독 EU 정간호사, 전)독일 라인클리닉 상담간호사
임종니 전)국방연구원 사무국장, 전)나주임씨 중앙화수회 사무총장
임종대 효창원 7위선열기념사업회 이사, 평론가

임종성 대전 대별공인중계사 사무소 대표, 수필가
임종수 국민작곡가, 가수
임종은 전)한국문학신문 편집국장, 시인
임지룡 경북대 석좌명예교수, 부총장, 문학 박사, 수필가
임지택 전)목포동초등학교 교장, 수필가
임진택 경기아트센터 이사장, 창작판소리연구원 원장, 창작판소리 명창
임창진 행정사사무소 행정개발(주) 대표행정사, 전)대한행정사회 부회장
임채승 원광대 경영학과 교수, 경영학 박사
임청택 전)중부대 총장, 정치학 박사
임춘식 한남대 명예교수, 미국 COHEN대상담복지학과 교수, 전국노인복지단체연합회 회장, 사회학 박사
임춘임 전)한국문인협회 장성지부 회장, 목포과학대학 교육사업 팀장, 수필가
임현우 트윈트리코리아(주) 대표이사
임호성 민족사랑교회 담임목사

오피니언 리더들의 삶과 고뇌 5
세상에서 가장 아름다운 말

|편저자| 나주임씨 중앙화수회 회장 임춘식
04195 서울특별시 마포구 만리재로 14. 한국사회복지회관 2303호
전화 02) 712-2200 팩스 02) 706-2200
e-mail : najulim1004@hanmail.net
http:// www.najulim.net

|1판 1쇄 인쇄| 2025년 1월 10일
|1판 1쇄 발행| 2025년 1월 15일
|발행인| 주 동 담
|펴낸곳| 시정신문

|주소| 서울특별시 중구 다산로16길 25
|전화| 02-798-5114(대표)
|e-mail| sijung1988@naver.com
|출판등록| 1988년 4월 13일
|등록번호| 서울 다 05475

|ISBN| 979-11-91760-07-1
정가 20,000원

저자와 협의하여 인지를 생략합니다.
무단전재와 복제를 금합니다.